**Você é
jovem,
velho
ou dinossauro**

© Ignácio de Loyola Brandão, 2008

1ª Edição, Global Editora, São Paulo 2009
1ª Reimpressão 2010

Diretor Editorial
Jefferson L. Alves

Gerente de Produção
Flávio Samuel

Coordenadora Editorial
Dida Bessana

Assistentes Editoriais
Alessandra Biral
João Reynaldo de Paiva

Revisão
João Reynaldo de Paiva

Projeto Gráfico e Ilustrações
Camila Mesquita

Dados Internacionais de Catalogação na Publicação (CIP)
(Câmara Brasileira do Livro, SP, Brasil)

Brandão, Ignácio de Loyola
  Você é jovem, velho ou dinossauro? / Ignácio de Loyola Brandão; ilustrações Camila Mesquita. – São Paulo : Global, 2009.

  ISBN 978-85-260-1290-5

  1. Almanaques I. Mesquita, Camila. II. Título

08-06184   CDD-050

Índices para catálogo sistemático:

1. Almanaques   050

Direitos Reservados
Global Editora e Distribuidora Ltda.
Rua Pirapitingui, 111 – Liberdade
CEP 01508-020 – São Paulo – SP
Tel.: (11) 3277-7999 – Fax: (11) 3277-8141
e-mail: global@globaleditora.com.br
www.globaleditora.com.br

Obra atualizada conforme o **Novo Acordo Ortográfico da Língua Portuguesa**

Colabore com a produção científica e cultural.
Proibida a reprodução total ou parcial desta
obra sem a autorização do editor.

Nº de Catálogo: **3032**

Ignácio de Loyola Brandão

Você é JOVEM, velho ou dinossauro?

DESCUBRA COM ESTE LIVRO

Testes para saber se sua memória é uma coisa, mas suas lembranças podem ser outras, mostrando que você é mais jovem, mas também pode ser mais velho do que imagina

Este é o "*almanaque*"* que sempre quis montar e para o qual guardei material ao longo dos anos. Pequenas lembranças sem maior importância, que definem tempos vividos. Como fui, fomos, minha/nossa infância, casa, bairro, rua, hábitos familiares comuns, a evolução das coisas, palavras usadas e que se foram, palavras novas cujo sentido ainda nos escapa. Não é nostalgia, nem um tratado, a não ser um tratado de puro divertimento, prazer, curiosidade. A memória tem mecanismos próprios e age segundo sua própria vontade. Lembro-me de uma coisa de uma maneira, você de outra, o terceiro tem uma versão diferente. Pensamos que nos conhecemos, pensamos que temos certa idade. Este livro mostra que podemos ser mais jovens. Fatos que pareciam distantes estão perto. Ou mais velhos. Situações que pareciam próximas estão lá atrás, longe. Repasse um pouco do que viu, vivenciou, fez, sonhou, quis ter, procurou ser. E suas relações com o mundo de hoje.

* Machado de Assis tem uma crônica intitulada "Como se Inventaram os Almanaques", republicada há poucos anos por Marlyse Meyer em um livro delicioso e imperdível: *Do almanak aos almanaques*, publicado pela Ateliê Editorial.

É um almanaque alegre de breves recordações que você guardou fundo e subitamente redescobre. Imagine um teste. Quando encontramos um pela frente não ficamos fascinados? Por que gostamos tanto deles? No fundo, gostamos de nos avaliar superficialmente. Somos normais, loucos, gênios, ou o quê? Aqui está um jogo para aproveitar sozinho ou com os amigos depois do jantar, no fim de semana, nos dias de chuva, na cama, entre um casal, em uma festa, churrasco, no bar, no intervalo da convenção de trabalho. Para matar o tempo no consultório, para a noite de insônia, para a viagem de metrô ou de ônibus, para contrabalançar o tédio na sala de embarque do aeroporto (tem lugar mais chato, com um monte de gente falando ao celular?). Se quiser, dê pontos para as respostas, crie um sistema de avaliação para "pegar" os amigos: muito jovem, jovem, maduro, velho, ancião, dinossauro, pré-histórico, Matusalém etc.

Tenha em mente que as lembranças vêm filtradas pelo tempo, chegam como desejamos que cheguem. Mas sempre falam da época em que crescemos, fomos formados, amadurecemos.

Pense apenas: *Olhe como eram aqueles tempos.* Nada de achar que eram melhores ou piores. Viaje rememorando o que se lia, se comia, se ouvia, se dizia, se via, se brincava, a vida cotidiana. Este almanaque poderia ter 200 ou 500 páginas amenas. Depende de você, seu espírito, sua forma de encarar a vida.

Junte essas imagens às suas, monte o seu almanaque. Leitores de minhas crônicas em *O Estado de S. Paulo* e amigos me enviam sempre perguntas curiosas. Aqui tive a colaboração de Diodi Okamoto, Alida Zeballos, João Bosco Brandão, Haran Hossepian e Vera Sá. Em cartas, e-mails, bilhetes, telefones, me faziam/fazem perguntas que, na maioria das vezes, batiam/batem com as minhas, mas estavam esquecidas.

Entremeando os segmentos estão jingles — com os créditos — familiares desde criança e que dão um tom de época. Alguns me lembro de ouvir minha mãe cantando ao tanque, enquanto lavava roupa. Outros era meu pai, quando tentava sintonizar uma estação no rádio e parava no comercial. Um e outro ainda ouço hoje.

Imaginou o dia em que nossos netos vão dizer que iPod, MP3, laptop, link, webcam, câmera digital, celular com internet, palmtop, são expressões arcaicas?

Um almanaque que não vai mudar sua vida nem o mundo, não vai transformar a sociedade. Mas que fará sorrir e ter assunto de conversa. É o que basta, às vezes.

Ouvíamos toda hora no rádio
jingles

Passa, passa o talco Ross,
quero ver passar.
Passa, passa o talco Ross,
para refrescar.

W. Galvão

Também aconteceu com você

Com um ano de idade, tirou uma foto pelado (pelada), deitado (deitada) num sofá estampado com a bunda para cima?

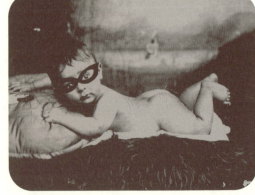

Sabe se a sua mãe passou Nenê-Dent em você?

Com seis anos tirou uma foto de primeira comunhão, num genuflexório (todo estúdio tinha um), com uma vela na mão e tendo como fundo uma imagem de Cristo em papelão?

Seus pais mandaram fazer uma sequência de fotos com você falando ao telefone montadas em um quadro só? Emoldurada, estava na parede? As fotos eram coloridas com anilina, o que era considerado um "belo" efeito especial na época.

Pedia a bênção ao seu padrinho, beijava a mão, esperava que ele lhe desse um "quinhentão"? Ou se consolava com um "duzentão"? **(1)**

Estudou pela cartilha *Caminho Suave* ou pela *Brasileirinho*? Teve aulas de Canto Orfeônico na escola?

E de Trabalhos Manuais? Serrou madeirinhas, bordou tapetes em telas compradas prontas na loja? Usou *Desenhocop* na escola?

Desenhava e aplicava o esfuminho?

Escrevia à tinta e usava o mata-borrão? **(2)**

Trabalhava na aula com o transferidor, o compasso, o esquadro?

Podia colar (copiar no papel de seda e passar para o caderno) os mapas na aula de cartografia?

Você era bom em composição, que hoje se chama redação?

Estudou Latim? Lembra-se de *Qui, quae, quod*? De *Gallia est divisa in partes tres*? A citação se deformou na memória?

Levava para o recreio os moldes de roupas? Vestia e desvestia as bonecas com roupinhas de papelão que vinham encartadas dentro das revistas e eram recortadas? Trocava figurinos com as amigas?

Na porta da sua escola tinha um homem vendendo quebra-queixo? Também era chamado de machadinha.

Havia também o "arrozinho", que os pipoqueiros vendiam. Tinha mais ou menos o mesmo gosto da pipoca japonesa, aquela cor-de-rosa. Qual era o gosto? **(3)**

O pipoqueiro colocava o carrinho na porta das escolas e vendia ainda a cocada muito doce e queimada, que tirava as obturações dos dentes.

E raspadinha de groselha ou de menta?

Quando criança, usar tênis causava vergonha porque era calçado de pobre?

Só tênis branco era admitido, porque era acessório de ginástica (Educação Física, matéria obrigatória).

Quando começava a discutir com alguém, fazia um risco com carvão ou caco de telha no chão e desafiava: *Passe daqui?*

Quando alguém chegava com sapato novo, você corria a batizar o calçado, pisando em cima?

Esclarecendo:
1> Quinhentão era a moeda de quinhentos réis, grande, e duzentão, a de duzentos réis, menor.
2> A invenção da esferográfica marcou o fim do mata-borrão. Não existe mais nem para remédio.
3> Tinha gosto de isopor, muito antes de o isopor ter sido inventado.

10

Breves toques de religiosidade

Levava palmas para os padres benzerem no Domingo de Ramos? Seriam utilizadas em dias de chuva forte.

Qual era a primeira pergunta do Catecismo? **(1)**

Sua mãe usava véu para ir à missa ou para a reza noturna?

Seus pais tinham Missal?

Seus pais mandaram fazer para você santinhos de primeira comunhão?

Você foi Congregado Mariano? Suas irmãs ou primas foram Filhas de Maria?

Na sua casa, estavam entronizados na parede da sala de visitas os quadros de Nossa Senhora e do Coração de Jesus? Também podia haver uma Santa Ceia.

Existia o quadro de um anjo da guarda enorme zelando por duas crianças à beira de um abismo ou acompanhando-as pelo bosque para que não se perdessem?

Podia comungar sem confissão?

Tinha medo de tocar a hóstia com os dentes ou de mordê-la, porque dela sairia o sangue de Cristo, como diziam?

Jejuava na Semana Santa?

Podia ouvir música na Sexta-feira Santa?

Podia comer carne na Sexta-feira Santa?

Podia entrar na igreja protestante?

Perguntava aos pais por que as igrejas batista e protestante não tinham uma cruz na torre?

As mães diziam que o Papai Noel não existia, quem trazia presente era o Menino Jesus? Ou que árvore de Natal era coisa de protestante e católico só devia montar presépio?

Esclarecendo:

1> A primeira pergunta era: Quem é Deus?
   Resposta: É um espírito perfeitíssimo Criador do céu e da terra.

Linguagem cotidiana

Sabe o que queria dizer *de fasto*? **(1)**

E andar *numa vula*? **(2)**

O que significava a expressão: *Que me importa que a mula manque, o que eu quero é rosetar?* (3)

Olhando para uma menina observava: *Essa aí é do barulho?* (4)

Ou preferia dizer que ela era um estouro? (5)

Tirava linha com os meninos? Com as meninas? (6)

Comentava com os amigos: *Aquele brotinho é demais?* (7)

Você era crente que abafava? (8)

Se um sujeito tinha cartaz, o que significava? (9)

Esclarecendo:
1> Andar de costas.
2> Andar depressa.
3> Não estou nem aí, não ligo nada para isso.
4> Podia ser sapeca, desbundada.
5> Mulher bonita, incrível.
6> Paquerava.
7> Era linda, gostosinha, sensual.
8> Que fazia sucesso, todo mundo te admirava. Igual a estar por cima da carne-seca.
9> Que fazia sucesso, era admirado, invejado.

SINAL DOS TEMPOS
O que hoje é TPM já foi para você "problemas de mulher", algo que as crianças não podiam saber?

Vida diária

Costumava comprar decalques? Eram os adesivos da época, com um delicado processo de colagem. Molhava-se tudo e retirava-se com imenso cuidado a película com a imagem, colando-a em uma superfície, o que nem sempre dava certo. Era para decorar parede ou presentear amigos e parentes. Mais tarde veio a decalcomania e mais à frente ainda o transfer.

Odiava os fiscais sanitários, que punham uma bandeira amarela na porta da casa e entravam no quintal furando todas as latas com que a molecada brincava? Eles usavam uma farda amarela e um boné com pala preta.

Ganhou O Pequeno Construtor, uma caixa triangular cheia de pedacinhos de madeira que representavam fragmentos de portas, janelas, torres? Com eles se podia montar casas, castelos, pontes, estações ferroviárias, igrejas.

O sonho de sua vida era que sua mãe comprasse o doce 4 em 1 da Cica? Que sabores compunham a lata que tinha dimensões maiores do que as usuais? **(1)**

Na série *Alô, Doçura*, Eva Wilma sonhava comer um doce que era tido como super. Lembra-se qual era? **(2)**

Sua mãe usava retrós e linhas Âncora e Corrente?

Sua mãe e suas tias usavam dedal?

Cerziam meias?

Elas compravam em lojas de armarinho?

As mulheres solteiras passavam o final da tarde nas janelas para conversar, saber as fofocas, as notícias, vigiar a vida alheia, já que não existia televisão e os telefones eram pouquíssimos na cidade, apenas os muito ricos possuíam?

No corredor havia uma passadeira de linóleo?

Tinha um despertador Kienzle? Daqueles que a campainha despertava até os mortos? Ou preferia o Westclock?

Na sua casa tinha licoreira com meia dúzia de copinhos pendurados em ganchinhos?

Tinha filtro Salus com uma toalhinha de renda em cima?

Tinha capa de plástico para o liquidificador?

Tinha pedra para amolar faca de cozinha?

Compravam a manteiga Aviação, na lata vermelha que era (e ainda é) um primor, e que, para não ficar rançosa, era conservada dentro de uma tigela de água fresca, renovada todas as manhãs?

Usavam banha de porco para cozinhar, aquela branca que vinha em latas verdes? **(3)**

Compravam presuntada e/ou fiambrada quando chegava uma visita importante e era preciso impressionar?

Seu pai fumava cigarros Fulgor, ou Aspásia, ou Yolanda, ou Castelões, e você no quintal se contentava em cortar um ramo de xuxu seco, poroso, e brincava que também fumava? O cabinho do xuxu, aceso de um lado, fazia uma fumaceira danada, de gosto acre, e assim você se acreditava homem?

Que outras marcas vêm à sua cabeça? Belmont, Columbia, o caro Liberty, Selma, Favoritos? Ou você se lembra mais do Continental com filtro (maço marrom), do Plaza, do Du Maurier, do Charm, do Free, do Kent?

Comprou Pyrex assim que saiu?

E Colorex?

Fervia água no ebulidor? **(4)**

Acendia as lâmpadas no interruptor que havia no próprio bocal — que portanto devia estar numa altura baixa — ou preferia a comodidade de uma "pera" **(5)**

Tinha em casa, sempre à mão, um exemplar do livro *Cartas comerciais, amorosas e outros modelos*?

No seu tempo, todas as cartas (escritas à mão, claro) começavam assim: *Espero que esta o(a) encontre gozando de perfeita saúde e felicidade junto aos seus. Aqui, todos bem.*

À noite, acompanhava por um tempo os apitos do guarda-noturno fazendo a ronda pelas ruas?

Esclarecendo:

1> Pessegada, goiabada, marmelada e figada.
2> Era o marrom-glacê. Quando Eva Wilma, na série, ganhava a lata de marrom-glacê ficava decepcionada: "Mas, isso? Isso é doce de batata?". Era a versão cabocla.
3> Hoje, com a questão do colesterol e a política do light e do diet, a banha de porco seria altamente condenada.
4> Jarra de louça com uma resistência no fundo; se colocasse a mão na água levava um choque.
5> A pera era um pequeno interruptor de botão na extremidade de um fio.

Era assim o comércio?

No final da tarde passava pela sua rua uma carrocinha fechada? Era o vendedor de fígado de boi, de miúdos, de bucho, de tripa?

O leiteiro deixava o litro de leite (de vidro) na sua porta ou no portão? O litro era fechado por uma tampinha de alumínio? Na boca do litro se formava uma camada de um centímetro de nata? E ninguém — pasmem — roubava o leite.

O pão também era deixado na porta e ali ficava, assim como as cartas?

Para gelar as bebidas do domingo, seu pai comprava pedras de gelo, picava, colocava dentro de uma bacia com as garrafas e cobria com serragem?

Quando ia ao bar, você ou seu pai exigia cerveja no casco escuro, de vidro marrom? Cerveja no casco claro, de vidro verde, enfraquecia a bebida? Era preciso levar o casco para a troca ou havia um vale-retorno com o preço do casco?

No bar, o seu pai tomava cerveja e pedia um copo de groselha para você?

Somente para araraquarenses: Antes do jantar, seu pai tomava um cálice de FQF?

Bijus. Para anunciar que estava na rua e chamar a atenção, o bijuzeiro tocava uma matraca? Tinha também aquele com uma roleta, na tampa da lata, que você girava e via quantos bijus ia ganhar?

Passava o vendedor de algodão-doce? E a mulher com a bandeja de pirulitos cônicos embrulhados em papel de seda que grudava no doce?

No armazém da esquina tinha um quadrinho pendurado?
Eu vendi fiado (mostrando um homem na miséria)
Eu vendi a dinheiro (mostrando um homem rico)

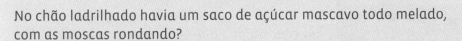

Era um armazém de "secos e molhados"?

No armazém tinha um caixote cheio de bacalhau seco, salgadíssimo? Bacalhau era comida de pobre, desprezado pelos mais bem situados na vida?

No chão ladrilhado havia um saco de açúcar mascavo todo melado, com as moscas rondando?

Comprava-se arroz, feijão, farinha de milho, fubá, farinha de trigo a granel?

A bolacha champanhe era a mais cara, a mais cobiçada e a mais deliciosa, com o açúcar cristal polvilhado em cima?

O verdureiro, que passava todos os dias, vendia cambuquira?
O que era (é) cambuquira? **(1)**

Seu pai comprava no armazém de secos e molhados, marcando na caderneta? Quando pagava a conta, ganhava um brinde, em geral uma lata de goiabada ou de marmelada?

Esclarecendo:
1> Cambuquira é o broto do pé de abóbora.

Girando o dial do seu rádio

Olhe lá! Saber o que é dial já indica antiguidade.

Agora, cuidado com sua idade, não venha me dizer que ouviu rádio galena?

Na sua casa tinha o rádio Philco ou o Zenith, cujos anúncios apareciam nas *Seleções*?

Comprava as válvulas Sylvania Electric?

No rádio de sua casa tinha o olho mágico com luz verde, que ajudava a sintonizar perfeitamente a emissora?

Quando tocava a *Protofonia do Guarani*, de Carlos Gomes, que horas eram e que programa estava começando? **(1)**

Chegou a ouvir transmissões radiofônicas de futebol em que goleiro era chamado de golquíper, zagueiro era beque, centroavante era centeralfo, em que escanteio era *corner* e a seleção era chamada de scratch?

Todos os sábados ouvia a reprise do *Balança, mas Não Cai*, na Rádio Nacional, com o primo rico (Paulo Gracindo) humilhando o primo pobre (Brandão Filho)?

Ouvia a *Escola Risonha e Franca,* com o Nhô Totico?

Sua mãe ouvia o programa do Julio Louzada dando conselhos no meio da tarde? Ela ficou deslumbrada com o casamento do Julio e comprou a *Vida Doméstica* para ver a reportagem?

Seguia as radionovelas da Rádio Nacional escritas pelo Amaral Gurgel, o precursor de Silvio Abreu, Gilberto Braga, Manoel Carlos e outros?

Qual foi o casamento de um radialista que movimentou o país, todos os jornais e revistas deram, era um casal romântico e ideal? **(2)**

Soube quem foi o doutor Albertinho Limonta? **(3)**

Levava o seu rádio de pilha, o seu transistor, para o jogo de futebol, e via o jogo e ouvia a irradiação?

Uma constatação: Você é daqueles que não perdem o programa de Milton Parron, *Memória*, na Rádio USP, aos sábados.

Foi ouvinte fiel do futebol da Rádio Bandeirantes? Gostava quando Fiori Gigliotti iniciava a transmissão dizendo: *Abrem-se as cortinas e começa o espetáculo*?

E o Geraldo José de Almeida que, ao narrar uma partida, exclamava emocionado: *Foi por pouco, muito pouco, quase nada*?

Tinha também o estilo Osmar Santos: *Vai nessa, garotinho*.

Ficava vidrado, torcendo pelos participantes do programa *Não Diga Não*, do Miguel Vacaro Neto, em que perguntas maliciosas ardilosas levavam o ouvinte a cair na armadilha dizendo *não* e e perdendo o jogo?

Esclarecendo:

1> Eram 19 horas e estava começando, no país inteiro, o programa mais odiado do rádio, a *Hora do Brasil*, uma criação do DIP (Departamento de Imprensa e Propaganda) ainda no governo de Getúlio Vargas.
2> César Ladeira e Renata Fronzi.
3> Albertinho Limonta era um personagem de *O Direito de Nascer*.

Comidas e tabus

Podia chupar manga e tomar leite? **(1)**

Podia tomar leite e comer melancia? **(2)**

Adultos podiam tomar pinga e comer melancia? **(3)**

Sua mãe também dizia que a amêndoa contida no interior da semente do pêssego era veneno puro?

Banana e laranja podiam ser misturadas? **(4)**

Lembra-se do medo das mães quando as vitaminas juntavam laranja, banana, leite e abacate? **(5)**

Lembra-se quando apareceram os Tostines?

Esclarecendo:
1> Dava nó nas tripas.
2> Virava pedra no estômago.
3> Era morte certa.
4> Sujava o sangue.
5> Dava congestão. Ou indigestão.
   No interior se dizia *congestã* ou *indigestã*.
   Vitamina no interior era vitaminado.

Comidinhas, aperitivos

Na Salada Paulista preferia o croquete de carne ou a salada de batatas com salsichas Santo Amaro? A mostarda era a amarela ou a escura, forte?

Dava gorjeta na Salada Paulista apenas para ouvir os garçons agradecerem em uníssono, como um coral ensaiado: *Caixinha, obrigado*?

Ia comer hot dog nas primeiras lanchonetes "especializadas" na rua Augusta, uma entre a avenida Paulista e a rua Luís Coelho, e a outra ao lado do Cine Paulista (desapareceu, no lugar fica uma galeria comercial com lojas e restaurantes populares), entre as ruas Oscar Freire e Estados Unidos? O hot dog vinha numa caixinha listada com batatinha frita.

Tomava o chocolate da Leiteria Americana, vizinha ao Mappin?

Comeu, aos domingos, o frango com macarrão do Giovanni, restaurante popular localizado na rua Timbiras, junto à porta de saída do Cine Metro?

E o clássico bauru do Ponto Chic do largo do Paissandu?

E a omelete sequinha, tênue, da lanchonete Papagaio Verde na rua 24 de Maio?

Frequentava a Casa Califórnia para tomar suco natural de frutas acompanhado de sanduichão de linguiça calabresa de Bragança ou dos sanduichinhos aperitivos de queijo, alichela e atum?

Economizava para um beirute no Bambi da alameda Santos?

Esperava a madrugada para ir ao Le Gratiné, perto do largo do Arouche, para tomar sopa de cebolas, igual à de Paris? Depois apareceu a sopa do Ceasa, mas era muito longe para quem não tinha carro.

Juntava dinheiro para comer, de tempos em tempos, o que era considerado o melhor estrogonofe (no cardápio estava escrito *stragonoff*) de São Paulo, o do Baiúca, em que a carne era refogada na vodca russa? **(1)**

Lembra-se que tanto no Leão, como no Leão do Olido, restaurantes populares de São Paulo, você chegava e podia se sentar em qualquer mesa onde houvesse um lugar sobrando, como se fosse a Europa?

Comeu no Giratório, atrás do Cine Windsor, em São Paulo, onde o balcão girava e as pessoas tinham o direito de comer pelo tempo de uma volta? **(2)**

Comia coxa creme no quiosque do Viena no Conjunto Nacional?

Quando o Grupo Sérgio abriu o rodízio de pizzas, você adorou, ia todos os dias e não perdia uma só passagem do garçom, mandava colocar no prato? **(3)**

Comprava comida na rotisseria do Bologna, uma pioneira, na esquina da rua Antonia de Queiroz com a Augusta?

Frequentava o Pandoro para comer suas coxinhas, almoçar aos sábados ou tomar um "caju amigo"? **(4)**

Frequentava o Redondo, na esquina da avenida Ipiranga, em frente à igreja da Consolação, para comer ou para ver os artistas do Teatro de Arena que se reuniam ali depois dos espetáculos? **(5)**

Tomava café no Sujinho, na praça Roosevelt, ali encontrando, às vezes, Raul Cortez ou Lennie Dale? Acaso sabia o verdadeiro nome do Sujinho? **(6)**

Frequentava a Yara, na rua Augusta? **(7)**

E o Frevo? E o Frevinho?

E os sanduíches do Longchamps?

Jantava no Flamingo, na Augusta?

Cobiçava o fondue do Chamonix?

Levava a namorada ao Le Casserole, porque a visão do mercado de flores do Arouche ajudava a seduzir qualquer mulher?

Esclarecendo:

1> Hoje o prato se banalizou — como tudo — e você encontra estrogonofe em qualquer restaurante a quilo, sem nenhuma qualidade e sabor, claro.

2> O Giratório desapareceu, foi demolido; atualmente o lugar é um estacionamento; ele aparece em meu romance *Zero*.

3> No início dos anos 1970, na filial do Grupo na rua Augusta, pouco acima do Frevinho, vi, com todo o pessoal da Editora Três, um homem comer 28 pedaços no almoço.

4> O Pandoro fechou na noite de 25 de julho de 2006, depois de 53 anos de atividades. Alguns de seus frequentadores mais fiéis, como o escritor e jornalista/editorialista Gilberto de Mello Kujawski e a empresária Rose Koraicho, foram prantear o "falecimento", que teve choro de garçons e clientes. Foi reaberto em 2008. Quanto ao caju amigo, a princípio foi uma grande e disputada festa de carnaval no Rio de Janeiro, criada pelo mitológico Carlinhos Niemeyer e logo celebrizada pelos colunistas sociais da época, onde se tomava muita batida na qual o limão era substituído pelo caju. São Paulo importou a ideia e o caju amigo se transformou em uma espécie de happy hour ou, eventualmente, encontros na piscina das casas grã-finas (como se dizia naquele tempo). Caju amigo, nos bares, se tornou um tipo de batida metida a sofisticada, criada para se opor à vulgar caipirinha de pinga, considerada "bebida de pobre". Vejam o status que a caipirinha ganhou hoje!

5> Agora é uma casa de quibe.

6> Lennie Dale morava no prédio ao lado, na esquina da Consolação. Raul passava a caminho do Gigetto, ou vindo de lá. O nome verdadeiro do bar era Comunidade. Nos anos 1960, todas as manhãs, quando eu ia tomar café — morava na praça, mas não tinha cozinha, colocava livros na quitinete —, encontrava uma mulher de uns 40 anos, superbem-vestida (fashion, diria hoje), provavelmente uma executiva que chegava, pedia um copo de pinga, tomava de uma talagada e partia; nunca soubemos seu nome.

7> A mais famosa casa de chá da cidade era frequentada à tarde por colegiais em uniforme, que vinham das aulas nos colégios tradicionais da cidade, como Dante Alighieri — que ficava próximo —, Sacre Coeur, Externato Elvira Brandão — quase vizinho.

Brincadeiras, adivinhações e superstições

Rodava pião? Sabia atirar com perfeição e força?

Jogava bilboquê? Pronunciava, como todo mundo, *biblioquê*?
Se não tinha dinheiro, fazia o próprio bilboquê com uma vareta,
um barbante e uma lata de massa de tomate pequena?

E ioiô? Não tinha medo de ser chamado de mariquinha?

Brincou de passa anel? Só para passar a mão nas mãos das meninas?

Jogava varetas (era preciso recolher uma a uma sem mover outras)?

Jogava batalha naval (principalmente nas aulas chatas)?
Comprava bloquinhos prontos na papelaria?

Jogava forca?

Pulava amarelinha? Mas longe das vistas dos meninos machões que iam pegar no pé? **(1)**

De uma na mula ou passe na sela?

De bola queimada? Arremessava de propósito, com toda a força, em cima das meninas ou dos moleques mais fraquinhos?

Na época das festas juninas (dia 13, Santo Antônio; dia 24, São João, e 29, São Pedro), para sacanear, fazer arruaça, barulho, soltava bombinha de 500 para assustar as mulheres?

Fazia uma fieira de bombas fortes que iam explodindo a intervalos, na rua, tarde da noite, e corria a se esconder, olhando de longe a indignação dos vizinhos abrindo janelas e xingando?

Disputava quem quebrava mais lâmpadas de postes à noite com o estilingue?

Cagava na soleira das portas que davam para a rua, para que os vizinhos — e nem sempre vizinhos, às vezes eram casas distantes — considerados chatos e impertinentes pisassem de manhã?

Disputava campeonato de bomba de São João em baixo de latinhas de leite condensado, de massa de tomate ou de Toddy, para ver a que altura subiam?

Brincava de casinha com as amigas? As casas eram riscadas com giz colorido, ou com carvão, nas calçadas e havia divisão de sala, quarto, cozinha e banheiro?

Brincava de marido e mulher? A mulher fazia comida e o marido chegava do trabalho e dava um beijinho?

Brincou de roda, cantando de mãos dadas? Os homens concordavam para agradar as meninas e pegar na mão delas?

Lembra-se destas canções?

Terezinha de Jesus
certa feita foi ao chão.
Acudiram três cavalheiros,
todos eles de chapéu na mão.
O primeiro foi seu pai,
o segundo, seu irmão,
o terceiro foi aquele
a quem Tereza deu a mão.

Se esta rua, se esta rua
fosse minha,
Eu mandava, eu mandava
ladrilhar
com pedrinhas, com pedrinhas
de diamante.
Só pra ver, só pra ver
meu bem passar.

Bãobalalão,
senhor capitão,
espada na cinta,
sinete na mão.

Jura que sabia o que era sinete? Eu não!

Capelinha de Melão,
é de São João,
é de cravo, é de rosa,
é de manjericão.

Havia uma brincadeira em que a pessoa recitava um versinho, depois o outro mudava. Naquele tempo, você ficava perguntando o que seria um "pé de cachimbo"? Quanto tempo levou até descobrir que os versos eram diferentes, o engano estava no som?

Hoje é domingo,
pede cachimbo,
cachimbo é de barro,
bate no jarro,
o jarro é fraco,
cai no buraco,
o buraco é fundo,
acabou-se o mundo.

Existia outra versão:

Hoje é domingo,
pede cachimbo,
cachimbo é de ouro,
bate no touro,
o touro é valente,
bate na gente,
a gente é fraco
cai no buraco,
o buraco é fundo,
acabou-se o mundo.

Claro que para as rimas darem certo, sacrificava-se a concordância: a gente é fraco...

Nos jogos, você contava os dedos da mão?

*Dedo mindinho,
seu vizinho,
pai de todos,
fura-bolos,
mata-piolho.*

Havia um modo de contar até doze:

*Uma, duna,
tena, catena,
gibota, barata,
vila, vilão,
conte bem,
doze são.*

O esconde-esconde começava com os versinhos:

*Lava tigela, lava você,
dá um tapa na bunda
e vá se escondê!*

Fazia a pegadinha (a palavra não existia na época): *Qual é o doce mais doce do que o doce de batata-doce?*

E esta outra, meio boba: *Qual era a cor do cavalo branco de Napoleão?* **(2)**

Ou ainda: *Qual é a cor do burro quando foge?*

Usava tampinha de guaraná para fingir que era distintivo de polícia?

Teve um Mug? Também achava um boneco horrendo? Diziam que era para dar sorte?

Roubava borrifador do limpador de para-brisa de Fusquinha para fazer anel? Lembra-se como era chamado esse anel? **(3)**

Roubava o logo de metal W dos fuscas para fazer colar?

Achou o máximo quando ganhou seu primeiro brinquedo de plástico da Trol?

Teve um Mec-Bras da Estrela? Era sensacional, dava a sensação de que éramos adultos. **(4)**

E a boneca Amiguinha, da Estrela, que fez o maior sucesso porque era enorme, maior do que muita criança?

O sonho não era ter o caro Autorama com carrinhos de Fórmula 1, também da Estrela? Teve ou brincou com o dos outros?

Qual era a outra empresa de brinquedos que concorria com a Estrela e foi por ela comprada? **(5)**

Brincava com o Genius?

Jogava mico preto?

E rouba monte?

A escopa de 15?

Jogava o quarteto, um baralho?

Teve um joão-bobo, aquele boneco que nunca se deitava?

Teve um bambolê? Quantos giros de cintura conseguia dar sem que ele caísse?

Ganhava sempre no War?

Era invencível no Banco Imobiliário?

Esclarecendo:

1> Riscava-se no chão dez casas numeradas e acima de todas uma casa circular, o CÉU. Jogando com uma pedrinha saltava-se de casa em casa até chegar ao CÉU, ganhando o jogo. Errando a pedrinha, pagava uma prenda. Mais tarde, homem maduro, ao ler *O jogo da amarelinha*, de Julio Cortázar, lembrei-me da infância e fiquei me perguntando o que o título do livro tinha a ver com o joguinho.

2> Sabendo que era uma armadilha, a pessoa hesitava, demorava a responder, tinha medo de responder branco e os outros zombarem. Há um belo conto de Caio Fernando Abreu com esse título, "Os Cavalos Brancos de Napoleão".

3> Era o anel do Brucutu. A Volkswagen foi obrigada a modificar o sistema porque o anel de Brucutu foi mania nacional.

4> Era maravilhoso. Um conjunto de chapas de aço finas, de cor vermelha, com furos em toda a lateral. Devia medir mais ou menos 10 x 5 cm. Hastes também furadas, com 1 cm de largura por 5, 10 e 20 cm, parafusos, porcas, duas chaves de porca pequenas, uma chave de fenda, rodas de diversos tamanhos e polias que serviam para a montagem de brinquedos.

5> A empresa era a Atma, comprada e fechada.

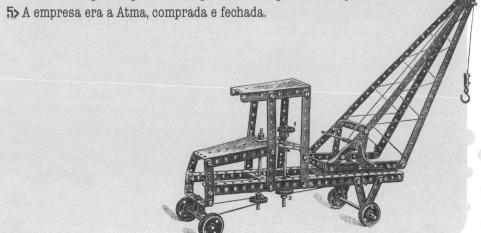

Adivinhações

Consegue acertar estas, bem tradicionais?

O que é, o que é? Uma caixinha de bom parecer, que nenhum bom carpinteiro pode fazer? **(1)**

Cai de pé, corre deitado? **(2)**

Pra cima é prata, quando cai é ouro? **(3)**

Do tamanho de uma bolota, enche a casa até a porta? **(4)**

No mato está falando, em casa está calado? **(5)**

Quem faz não quer. Quem quer não vê. Quem vê não precisa. **(6)**

Qual é a menina que você só vê no espelho? **(7)**

Esclarecendo:
1> Amendoim.
2> Chuva.
3> Ovo.
4> A lâmpada.
5> O machado.
6> Caixão de defunto.
7> A menina dos olhos.

Superstições e simpatias

Se chovia muito, queimava palma benta? Ou rezava para Santa Escolástica?

Se a chuva continuava, invocava Santa Bárbara ou jogava um ovo no telhado?

Se batia a cabeça, colocava a lâmina fria de uma faca no lugar batido?

Depois de comer, não olhava no espelho para não entortar a boca?

Era advertido que comer a casca da maçã dava paralisia?

Se tomasse banho depois do almoço ou do jantar, morria na hora?

Se andasse de costas, a mãe morria?

Se brincasse de ficar vesgo na hora de um relâmpago, nunca mais seu olho endireitaria?

Acreditava que quem dá e toma fica corcunda?

Tinha certeza de que se andasse de costas ia ficar corcunda ou débil mental?

Acreditava que mijo de sapo cegava?

Tinha medo de cuspir para o céu, pensando que Deus podia castigar?

Só entrava em um lugar, um campo de futebol, uma quadra de jogo, na sala de aula em dia de prova, com o pé direito?

Acreditava que, ao cumprimentar uma grávida, perguntando o que ela tinha na mão (era uma pegadinha) e ela mostrasse a direita, ela tinha na barriga um filho homem, se mostrasse a esquerda, tinha uma filha. (Claro, foi muito antes do ultrassom.)

Se a visita era chata, bastava colocar a vassoura atrás da porta para a pessoa ir embora?

Acreditava que não se devia varrer a casa à noite para não espantar as boas almas (espíritos)?

Vassoura deitada era sinal de desgraça?

Levar guarda-chuva em dia de sol atraía tempestade?

Ao entrar numa casa e tropeçar na soleira da porta era sinal de que uma coisa ruim ia acontecer?

Se de repente ouvia alguém te chamando e não visse ninguém era a morte te buscando e não podia responder, porque ela levava?

De manhã, mexia a água parada num recipiente, para que acordasse?

Acreditava que *Manolita*, canção que era um sucesso nos anos 1940 (a letra, entre outras, dizia: *Era uma tarde em Sevilha, / Quando uma dama formosa eu vi... / As cartas abertas ali sobre a mesa, / A velha responde com toda a firmeza...*), trazia azar a quem a cantasse?

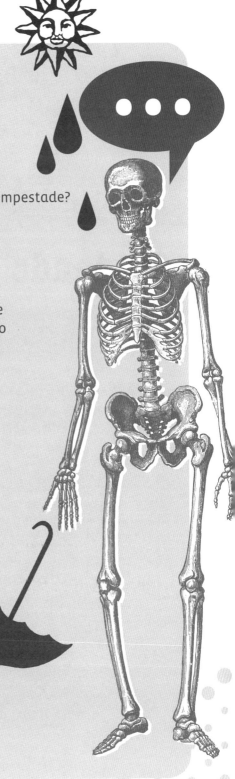

Cuidando da casa

Sua mãe — ou a empregada da casa — lavava roupas com Anil Colman e usava sabão de pedra da marca Minerva?

Na vizinhança, costumavam fazer sabão de cinza em um tacho e com gordura de porco?

No quintal havia um "coadouro" usado às segundas-feiras, que eram chamadas "dia de branco", por causa das roupas brancas (lençóis, toalhas, fronhas etc.) que eram lavadas? **(1)**

Qual era a *alegria no tanque*? Rinso, é claro.

O que dava *brilho à brancura*? Omo.

Na sua casa usavam cera Parquetina?

Ou preferiam a cera Cachopa?

Ou nenhuma das duas, preferiam mesmo a Colmeína?

No assoalho passavam escovão com flanela ou já tinham enceradeira Arno?

Na sua casa tinha liquidificador Walita ou Real?

Esclarecendo:
1> Estrado de zinco sobre o qual as roupas eram colocadas para tomar sol por um tempo; um processo de esterilização primitivo.

Etiqueta

É do tempo em que era grosseiro cuspir na rua?

Que não se devia assoar o nariz na frente dos outros?

Que para espirrar se devia ficar de costas, fazendo o mínimo barulho possível?

Que não se devia nunca espirrar durante uma refeição?

Que ao entregar o cartão de visitas se devia dobrar a ponta?

Que era preciso levar sempre um lenço no bolso da calça para qualquer eventualidade?

Linguagem cotidiana

Admirava-se com os carros movidos a gasogênio? **(1)**

Ouvia muitas histórias sobre os pracinhas? **(2)**

Conhecia algum estroina? **(3)**

Era de fazer fuzuê na escola, na igreja, no cinema, nas festas? **(4)**

Sua namorada era uma uva? **(5)**

Usava esta expressão: *A cobra está fumando*? **(6)**

Usava: *Michou o carbureto*? **(7)**

Falava muito a palavra charivari? **(8)**

Esclarecendo:

1> Um sistema à base de carvão que substituiu a gasolina durante a Segunda Guerra Mundial. Eram dois tanques cilíndricos instalados na traseira do carro, uma coisa muito estranha.
2> Pracinhas eram os soldados que lutavam na guerra, os expedicionários.
3> Desbundado, gastador, maluco.
4> Fazer farra, bagunçar.
5> Linda.
6> Dizia-se que eram os soldados brasileiros atacando durante a Segunda Guerra Mundial.
7> Acabou tudo.
8> Confusão.

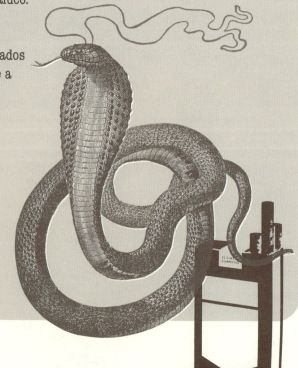

Ouvíamos toda hora no rádio
Jingles

O vinagre Castelo
é o melhor para mim.
Castelo vende mais,
porque é bom até o fim.

G. Martins

Sexo, amor e brincadeirinhas

Olhava a empregada pelo buraco da fechadura do banheiro?

Olhava as primas (ou os primos) quando iam tomar banho?

Furava o teto do vestiário das meninas nas aulas de ginástica (Educação Física), como se dizia?

Confessava ao padre: *Tive maus pensamentos, pratiquei maus atos (e o que eram maus atos para uma criança?), usei minha mão para me dar prazer?*

Sua mãe proibia os meninos de irem ao quintal nos dias em que as "toalhinhas higiênicas" eram lavadas e penduradas no varal?

Você — homem ou mulher — brincou de médico e paciente? E a "dor" que a paciente — a paciente era sempre a mulher, lembra-se? — sentia era sempre nas coxas ou na bundinha e era preciso mostrar?

As meninas eram definidas: a que deixa pôr a mão no peito, a que deixa passar a mão nas coxas, a que deixa pôr nas coxas, a que não deixa fazer nada, a que deixa chupar o peitinho, a que põe a mão "nele", desde que esteja por dentro das calças.

Os meninos eram definidos como o gostosinho, o mais bonito, o sonho de valsa, o babacão, o misterioso, aquele que promete (será?), aquele que tem "um" pequeno, aquele que não é de nada, o chato, aquele que nunca encontra o ponto certo, aquele que é frutinha?

É do tempo em que homem que usasse camisa vermelha, rosa, amarela ou muito colorida era maricas?

Filhinho de mamãe tanto podia ser menino mimado como um viadinho?

Usou estes sinônimos para humilhar: vinte e quatro, três vezes oito, fresco, viado, fruta, mulherzinha, mariquinhas, efeminado, bibelô, cor-de-rosa, delicadinho, bala chita, bichona, tutti frutti, agasalhador?

Você também tinha pavor de ficar marcado se ganhasse o número maldito, o 24, na caderneta de chamada da escola ou do tiro de guerra ou Exército?

Acreditava que amendoim e jiló eram afrodisíacos?

Acreditava que aquela pomada chinesa, com forte cheiro de menta e cânfora, que vinha numa latinha vermelha, mantinha a sua função por horas e horas? Experimentou ou teve medo? **(1)**

Achava realmente que Pernod era uma bebida que fazia o homem brochar? Brochar não é palavra antiga, denunciadora da idade?

E se eu disser disfunção sexual você pensa em quê?

Bolinava as meninas (os meninos) no escuro do cinema?

- - - - - -

Esclarecendo:
1> Corriam histórias e mais histórias. Uma delas dizia que um sujeito usou a pomadinha, nunca mais o pau amoleceu, morreu de derrame.

Coleções

Colecionava tampinhas de cerveja, refrigerante?
Jogava com as tampinhas na calçada?

Colecionava álbuns de figurinhas de futebol? Tinha dificuldades com as carimbadas, aquelas que nunca saíam? Tinha uma lista das figurinhas para troca? Batia bafo, ou seja, juntava um monte de figurinhas no chão e batia com a mão? As que viravam com a cara para cima eram suas?

Colecionava Balas Seleções? Para você a "pirâmides do Egito" era a figurinha mais difícil, impossível de ser conseguida?

Colecionou o álbum *Ídolos das Telas*, da editora Livros de Ouro da Juventude?

Colecionava estampas Eucalol?

Guardava e colecionava selos para a igreja enviar às missões na África sem entender o que significava aquilo e o que os *pretinhos* (como se dizia na época, bem entendido) iriam fazer com selos de correio usados?

Esperava que sua mãe comprasse a lata de Toddy por causa das figurinhas cuja coleção completa dava direito a um miniaparelho de chá?

Depois teve uma época em que eram uns indiozinhos que vinham dentro do achocolatado. Colecionou?

Colecionava flâmulas?

Ouvíamos toda hora no rádio
Jingles

O carro Volkswagen tem mais valor,
quem tem Volkswagen,
tem um cheque ao portador.

Chico Oliveira

Viagens

Usava guarda-pó nas viagens de trem ou de jardineira para se proteger das fagulhas da locomotiva ou da poeira da estrada?

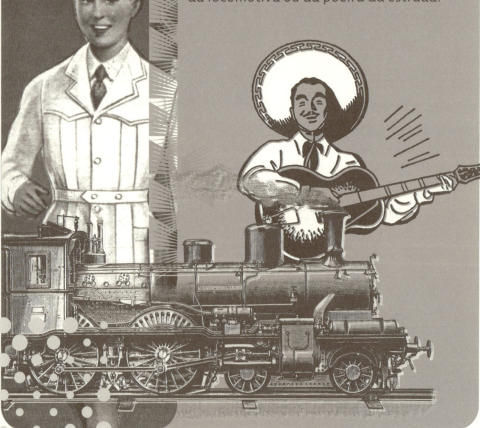

PARE! OLHE! ESCUTE!

Lembra-se da placa que existia em todas as porteiras dos cruzamentos rodovia-ferrovia?

O que diferençava a primeira da segunda classe nos trens? Uma toalhinha de renda no encosto da cabeça ou o banco de madeira?

Viajou pelo Pullman da Companhia Paulista?

Dormiu na cabine Gilda dos trens noturnos da Paulista?

E naqueles gavetões em que se trocava a roupa deitado?

Viajou no trem prateado da Sorocabana?

E no Trem de Prata, que ia para o Rio de Janeiro, e muitas vezes ficava horas parado no meio do caminho?

Passageiros de segunda classe podiam comer no carro-restaurante dos trens?

Quando um funcionário do carro-restaurante passava com pratos embrulhados em guardanapos com talheres amarrados, para quem ia essa comida? **(1)**

Comeu o bife à Arcesp dos trens da EFA e da CP?

O que significava a sigla Arcesp? **(2)**

Comprava caderneta quilométrica para viajar de trem?

Na sua família era costume fazer o "virado" para a viagem? Era em geral um frango assado ou sanduíche de pão de fôrma com queijo prato e presunto (comprado em ocasiões especiais) ou coxinhas de frango e garrafas de guaraná quente?

Viajando pelo interior, parava sempre no posto Barreirense, interior de São Paulo, que tinha um conjunto de bancos, cada um com um versinho? O mais famoso e copiado era:

> *Vi a minha mãe rezando*
> *aos pés da Virgem Maria.*
> *Era uma santa escutando*
> *o que outra santa dizia.*

Lembra-se de que para definir alguém que se atrasou muito se dizia: *Você está igual à Central do Brasil*? Era uma ferrovia desmoralizada, caótica, desorganizada em relação às outras.

Foi dos que descobriram Trancoso e foram para lá acampar? Ou preferia Parati?

Pegava ônibus e carona para surfar nas ondas de Saquarema?

Leu em algum banheiro de beira de estrada este versinho clássico das latrinas brasileiras?

> *Cagar é lei deste mundo,*
> *cagar é lei do universo,*
> *cagou Dom Pedro Segundo,*
> *cagou quem fez este verso.*

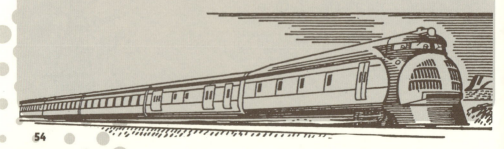

É do tempo em que comissária de bordo era chamada de aeromoça?

Para ir ao Rio de Janeiro, é dos tempos dos aviões Douglas DC-3?

Você dizia aeroplano, avião ou aeronave?

Ou já pegou a fase do Electra? Fazia força para encontrar lugar na saleta circular que havia na cauda?

Pegou os tempos da Panair, da Sadia, da Real Aerovias, da Cruzeiro do Sul, da Transbrasil, da Varig? **(3)**

Chegou a comer nos aviões da Varig, cuja gastronomia rivalizava com os bons restaurantes do mundo?

Leu este anúncio na revista *Seleções* de maio de 1957: *Um dia, muito breve, você entrará no Douglas DC-8 a jato e num domínio novo dos transportes. O seu primeiro voo num avião a jato acrescentará uma dimensão nova à sua vida — uma nova medida de tempo e espaço*?

E ficava com água na boca diante desta propaganda?
Nova York a algumas horas apenas... pelo Clipper.

Viajando pela via Dutra, o que pensava quando, após uma hora, encontrava aquele imenso outdoor à beira da estrada:
Se tivesse ido de avião, a esta hora já estaria no Rio de Janeiro?

Lembra-se dos primeiros tempos da ponte aérea, quando os executivos de terno e gravata e maleta na mão corriam pela pista para entrar na frente e pegar os melhores lugares?

Para ir a Niterói você tinha de pegar a barca?

Para ir ao Guarujá — ou à Ilhabela —tinha de esperar uma eternidade pela balsa?

Lua de mel era em Poços de Caldas. Você tirou uma foto na Fonte dos Amores?

Ou preferiu Aparecida do Norte?

Queria ir a Salvador só para conhecer o Elevador Lacerda?

Ou para ver as cabeças cortadas de Lampião e Maria Bonita?

Conhecia um doleiro do mercado negro que vendia dólares para as viagens internacionais, uma vez que a cota do dólar oficial era restrita? (4)

Deixou muito dinheiro, jamais recuperado, no depósito compulsório de viagens ao exterior?

Tirava centenas de slides nas viagens e organizava um jantar, projetando os slides depois da sobremesa?

Nos slides apareciam muito mais você e família do que o lugar visitado? Para cada slide contava uma história interminável?

No seu passaporte estava a observação: *Documento não válido para Cuba e demais países com os quais o Brasil não mantém relações diplomáticas?*

Agora, é daqueles que vão a Miami, passada a fase Cancun?

Vai a Buenos Aires e fala portunhol pensando que arrasa?
Falando em portunhol, lembra-se da frase: *Duêla a quien duêla?* **(5)**

Fala compulsivamente no celular até a porta do avião se fechar
e a aeronave começar a se dirigir à pista de decolagem?

Esclarecendo:
1> Era a comida para o pessoal que viajava na segunda classe.
2> Associação dos Representantes Comerciais do Estado de São Paulo.
3> Não é incrível como nada disso existe mais?
4> Cada um tinha o seu doleiro de confiança, assim como, em outros tempos, cada um tinha um contrabandista de confiança para fornecimento de uísque escocês ou americano não falsificado. Uísques mais pedidos: Old Parr, White Horse, Black & White, Cutty Sark.
5> Foi dita por Fernando Collor, o abominável, e tornou-se antológica do besteirol.

Costumes

Usou — ou seus filhos usaram — fralda de pano e calça plástica?

Na sua casa tinha papel higiênico Tico-Tico?

Quando apareceram os cotonetes, achou uma maravilha?

Você usava galochas? Achava um trambolho nos pés? Não eram horrendas?

Usou colete? E suspensório?

E chapéu? Era Prado ou Ramenzoni?

Usava prendedor de gravata com uma pérola?

Usava o chaveiro preso ao cinto da calça com todas as chaves penduradas? Da casa, do portão, do escritório, da porta do prédio do escritório.

Tinha uma bicicleta Monark, daquelas com guidão alto e que se brecava pedalando para trás?

Na sua casa usavam palha de aço, a precursora do Bom Bril?

No final do ano, compravam Cestas de Natal Amaral?

Na sua casa tinha persianas Columbia?

Na varanda da sua casa (ou na dos amigos) tinha um azulejo com a frase: *Sê como o sândalo, que perfuma o machado que o fere*?
Você entendia o que queria dizer sândalo?

Outra frase comum: *Nesta casa sou o galo, mas quem manda é a galinha*.
Conhecia?

E ainda: *Quando miséria entra pela porta, a virtude se vai pela janela.*
Quando Deus se atrasa, vem anjo pelo caminho.
Mulher de cego, se é direita, não se enfeita.

Na varanda, em lugar visível, havia um quadrinho dizendo: *Deus esteja nesta casa*?

Ou então havia um azulejo com um decalque de flor? De mulher bonita?

Quando se chamava o médico em casa, deixava-se uma bacia, com uma toalha ao lado, para que ele lavasse as mãos e as crianças eram afastadas ou enviadas à casa de um parente se fosse doença de mulher?

Quando adultos conversavam, as crianças eram mantidas a distância, porque não tomavam parte em conversa de gente grande?

Seus parentes, vizinhos e amigos levavam as cadeiras para a calçada e ficavam conversando à noite até que o sino da igreja batesse 22 horas, ou o apito de algum trem noturno mostrasse que era hora de se recolher?

Quando ia ao banco, apresentava o cheque em um balcão, o funcionário conferia a sua assinatura em um livro grosso, você recebia uma chapinha de metal numerada e ia para a boca do caixa esperar a chamada para receber o dinheiro?

Nas eleições políticas votou com cédulas? Aqueles papéis de mais ou menos 6 x 10 cm com o nome do candidato, o partido e o cargo disputado?

Ouvíamos toda hora no rádio
Jingles

A elegância masculina,
ô ô ô Aurora,
brilha mais com brilhantina
ô ô ô Glostora.
Agora em brilhantina
como em liquido também,
Glostora tem a classe que
nenhum produto tem.
O que é que dá mais brilho,
perfuma e revigora?
ô ô ô Glostora.

G. Martins

Pequenas vaidades necessárias

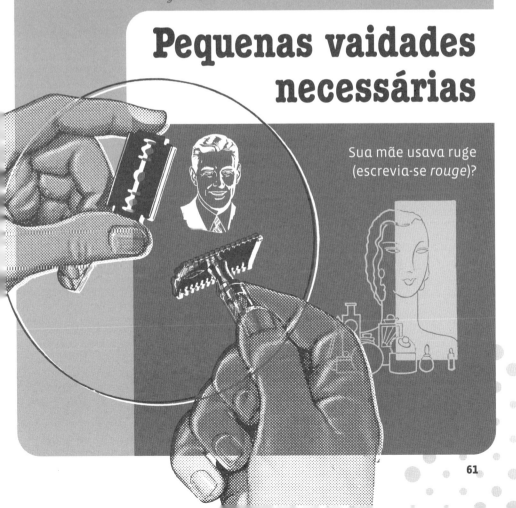

Sua mãe usava ruge (escrevia-se *rouge*)?

Você ou seu pai faziam a barba com a Gillette Blue Blade, lâminas substituíveis que vinham embrulhadas uma a uma em papel parafinado?

Chegou a pegar o tempo da navalha Solingen?

Sua mãe tinha secador de cabelos com touca?

Você e suas irmãs usavam bobe na cabeça?

Fizeram permanente com aqueles líquidos que fediam?

Suas irmãs, primas ou namoradas usavam aquele coque no alto da cabeça chamado "bomba atômica"?

Usou Gumex?

Dormia com uma touca improvisada com meia de mulher para assentar os cabelos?

Usou Brylcream?

Usava água Pinaud para os cabelos?

Passava óleo de ovos, o legítimo de Carlos Barbosa Leite, para os cabelos crescerem ou não caírem?

E Glostora?

Purificava o hálito com Bukol?

Usava pomada Minancora contra aquela espinha que aparecia súbita e cruelmente na véspera de um baile?

Você, suas irmãs e primas recorriam à Salsaparrilha do Dr. Ayer contra cravos, espinhas e manchas na pele?

Sabia? O que era ruge, hoje é blush, o pó de arroz virou pó compacto, o brilho para os olhos agora é glitter?

Saía na noite sem aspergir um tanto de patchuli no corpo?

Beleza

Usava Antisardina?

Leite de Rosas? Os homens usavam como pós-barba e desodorante. As mulheres, para limpar a pele e combater as rugas.

A Seiva de Alfazema (lavanda extra)?

Rugol?

Pond's?

Pó de arroz Royal Briar?

Talco Lady?

Perfume Coty?

Batom hi-fi da Max Factor?

Leite de Colônia?

Usava Dipitidu?

Usou perfume Rastro?

Colônia Lancaster?

Quando lia: *Um momento inebriante, um perfume inesquecível,* você logo se lembrava da colônia-perfume Vertige?

Preferia Aqua Velva ou o pós-barba azul da Bozzano?

Pinho Silvestre? Lembra-se do formato de pinha do vidro?

Comprava produtos Eucalol para colecionar as estampas?

Achava mesmo que 9 entre 10 estrelas usavam Lever? Depois, passaram a usar Lux.

Usava sabonete Gessy, a alma da toalete?

Qual o creme dental que *protegia mais o dia inteiro*? Gessy.

Lembra-se do slogan que destruiu o sabonete Lifebuoy? *Combate o C.C. (cheiro de corpo)*. Ninguém comprava para não admitir que tinha cecê.

Lembra-se de outro sabonete derrotado por um apelido popular? Salus, sabonete de cavalo. Seria pelo tamanho? Salus era enorme.

Cuidando da saúde da família

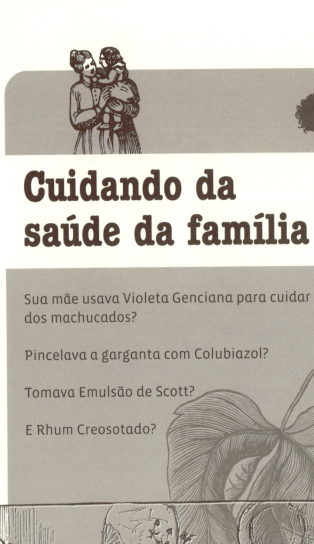

Sua mãe usava Violeta Genciana para cuidar dos machucados?

Pincelava a garganta com Colubiazol?

Tomava Emulsão de Scott?

E Rhum Creosotado?

Seus pais o(a) obrigavam a tomar gemada todas as manhãs para se fortalecer?

Seu pai tomava também gemada, só que em lugar do leite usava vinho do Porto?

Para acalmar ou dormir tomava "chá de estrada"?

Odiava chá de losna, bom para o estômago?

Adorava chá de poejo, para a tosse?

Sua mãe preparava um xarope à base de limão, mel e agrião para a tosse e catarro?

Regulava o estômago com Pandigestivo?

Na sua casa tinha a Água Inglesa, que as mulheres deviam tomar após o parto, para se fortificar durante a quarentena?

Estava sempre à mão o tubinho de cor creme da Sulfa, que se usava para todos os ferimentos?

Para a tosse, bronquite e catarro dos bebês, usava Melpoejo?

Você foi criança saudável porque tomou Capivarol, *o rei dos tônicos*?

Para consertar os intestinos tomava Laxativas Sagradas?

Para *vigorizar, purificar e engordar*, tomava Depurol?

O que dava *novo alívio*, quando você *estava sufocado por uma gripe*? Claro que era Vick VapoRub no vapor.

Para a tosse de adultos havia algo melhor do que xarope Agrimel? E o Bromil funcionava mesmo? Mas não diziam que garantido mesmo era o Peitoral de Cereja do Dr. Ayer? Bom até contra a tuberculose.

Dor de cabeça? Salifeína. Ou Salofeno era melhor? Ou Cibalena?

Para os nervos cansados, preferia Kolagenina?

Contra a prisão de ventre, você tomava Purgofena? Ou preferia Enterobil?

Conheceu o Purgoleite? Tomou? Ou o melhor mesmo eram as Pílulas de Vida do Dr. Ross? *Que faziam bem ao fígado e a todos nós!*

Acreditava em Guaraína, o bálsamo das almas, bálsamo do corpo?

Conseguia suportar o óleo de fígado de bacalhau, aquele cuja caixa trazia um homem carregando um enorme peixe nas costas?

E o horror quando os pais ou o farmacêutico diziam: *Vai ser preciso tomar óleo de rícino?*

Curava dor de dente com a Cera do Dr. Lustosa? Mas não se envergonhava daquele cheiro ácido, sentido a distância?

Em casa, cicatrizavam um corte com cinza do fogão? Ou usavam pedra-pomes?

O que se fazia em casa quando uma criança pisava num prego enferrujado? **(1)**

E o chá de chifre de boi queimado, para que era? Conhece a receita? **(2)**

68

Que comprimido tinha o slogan *É melhor e não faz mal*, rimando com seu nome?

Acreditava no slogan: *Não seja do contra, tome Eno, o sal de frutas?*

Decorou o anúncio que estava em todos os bondes?

*Veja, ilustre passageiro,
que belo tipo faceiro,
o senhor tem ao seu lado.
No entanto, acredite,
quase morreu de bronquite,
salvou-o o Rhum Creosotado.*

Achou que o mundo estava caminhando muito rápido quando o doutor Barnard fez o primeiro transplante de coração e se tornou uma estrela da mídia, viajando pelo mundo? Teve certeza de que a vida seria mais longa depois disso?

Chegou a usar a Maravilha Curativa do Dr. Humphreys contra contusões, nevralgias, picadas de insetos, urticária, furúnculos? E ainda podia ser loção pós-barba e pós-banho.

Seu avô tinha sempre à mão o *Almanaque do Dr. Humphreys*, que tinha na contracapa o retrato do autor, um velho de longas barbas brancas?

Esclarecendo:

1> De noite aplicavam um remédio que era uma tortura, no sentido literal da palavra. Esquentavam um pedaço de torresmo na chama de uma vela e queimavam o local do ferimento para não dar tétano.

2> Tome algumas folhas novas de parreira, outras de erva-de-santa-maria e faça um chá. A esse chá misture um pouco de chifre (chifre mesmo) torrado no fogo e raspado. Coloque na infusão de folhas e depois dê para a criança. No outro dia ela está curada das lombrigas.

Ah, os almanaques...[1]

Já que lembramos dos almanaques, vamos a eles. Todo final de ano ficava passando na farmácia, perguntando: *Já chegou o* Almanaque do Biotônico?

Sua mãe mandava buscar o *Almanaque d'A Saúde da Mulher*? E também o do Regulador Xavier?

Era uma tristeza perder o *Almanaque Capivarol*, sempre com uma mulher bonita na capa?

Cuidado com a idade, agora. Lia o *Almanak Ilustrado de Bristol*? E o *Cabeça de Leão* do doutor Ayer?

Agora, alegre-se. Se na infância lia o *Almanaque Fontoura*, você deve ser bem mais novo.

Esclarecendo:
[1] De acordo com Marlyse Meyer, autora de *Do almanak aos almanaques*, da Ateliê Editorial, duzentos desses almanaques eram distribuídos pelo Brasil inteiro em tiragens que oscilavam entre 1 e 3 milhões de exemplares.

Coisas de mulher

Na falta de leite materno, as mulheres recorriam ao Lactophilan?

Tomava Regulador Xavier?

Sua mãe e suas irmãs tinham *A Saúde da Mulher* sempre à mão?

Sabia que a felicidade naqueles anos dependia da higiene íntima das senhoras, que era mantida com Borol, *O tesouro da união conjugal*?

Lembra-se dos anúncios dos anos 1950: *Por que perder "alguns dias" todos os meses*? Anita Galvão (personagem fictícia, criado pelas agências de propaganda) recomendava Modess.

Leituras

Você era bom para decifrar cartas enigmáticas?

E logogrifos?

Lia *O Tico-Tico*?

Então sabe quem era Reco-Reco, Bolão e Azeitona?

Seguia "As Aventuras do Chiquinho"?

Mais tarde leu *Mindinho*?

Então sabe quem era o Hortelino Trocaletras?

Lia *O Gibi, O Guri,* o suplemento em quadrinhos do *Diário de S. Paulo*? *O Globinho, Mirim*?

Então o Príncipe Submarino, o Capitão Marvel, o Joel Ciclone, o maquiavélico Doutor Silvana, o Super Boy, Mary Marvel, o Fantasma e seu anel de caveira, o Batman, o Capitão América eram figuras familiares?

Leu *Vida Infantil* e depois *Vida Juvenil*?

Leu os gibis do Jim das Selvas?

Seu pai (ou você mesmo) lia a *Careta*, sua mãe comprava o *Jornal das Moças* ou *Fon-Fon*?

Compravam mensalmente o *Eu Sei Tudo*?

E a revista *A Cigarra,* que tinha um concurso de contos?

Em casa havia sempre um exemplar de *O Malho* ou da *Vida Doméstica*?

Suas tias liam *A Carioca* para saber as notícias e fofocas do rádio, do cinema, do teatro de revista?

Leu a revista *Em Guarda*? **(1)**

Leu a publicação *Netuno*? **(2)**

Fazia coleção de *Radiolândia*?
Ia direto para *As Fofocas da Candinha*?

Conheceu *Alterosa*, revista editada em Minas, de cuja redação
o escritor Roberto Drummond fez parte?

Chegou a você a *Revista do Globo*, de Porto Alegre, da qual
participaram Érico Verissimo e Mario Quintana?

Acompanhava deslumbrado — como todos — a revista *Sr.* (*Senhor*),
em sua primeira fase, quando revolucionou a mídia brasileira com
seu design e elegância?

Lia as crônicas de Fernando Sabino, de Paulo Mendes Campos
e do Otto Lara Resende na *Manchete*?

Corria à última página de *O Cruzeiro* buscando Raquel de Queiroz,
sua crônica? Abria *O Cruzeiro* direto na página do Amigo da Onça?

Suas irmãs, primas e amigas arrancavam as páginas de Alceu Pena,
em *O Cruzeiro*, para guardar modelos de vestidos a serem copiados
pelas costureiras? No carnaval ele sugeria fantasias.

Você comprava *Seleções do Reader's Digest*? O que lia primeiro?
"Flagrantes da Vida Real"? "Piadas de Caserna"? "Meu Tipo
Inesquecível"? "Livros Condensados"?

Lia *Grande Hotel*?

Lia *Capricho*, a revista que trazia fotonovelas protagonizadas por
Domingo Alzugaray, hoje empresário do ramo editorial, dono da
Editora Três?

Lia *O Thesouro da Juventude* (assim, com H)? Sabe o que é *O Livro dos Porquês*?

Procurava os suplementos dos jornais para não perder a série *Acredite... Se Quiser,* onde se relatavam as coisas mais incríveis do mundo? **(3)**

Comprava os fascículos *Conhecer*?

Colecionou os fascículos de *A Bíblia*?

Montou o volume de *Gula*?

E os *Gênios da Pintura*?

Seu pai lhe deu ou você comprou para seus filhos a *Enciclopédia Barsa*?

Comprou para eles (e para você) a coleção *Cadernos do Povo Brasileiro* e depois a *Primeiros Passos*? **(4)**

O rato Sig foi símbolo de qual publicação? **(5)**

Esclarecendo:

1> Propaganda americana pró-Aliados durante a Segunda Guerra Mundial.
2> Verdadeira lavagem cerebral durante a Segunda Guerra Mundial.
3> Criação de Ripley, essa série de fatos inusitados durou décadas e teve na televisão uma versão apresentada anos atrás por Jack Palance e, mais recentemente, pelo mesmo ator que fez a série do Super-Homem. Acaba de sair em português um superálbum com alguns dos melhores momentos da série.
4> Os *Cadernos* eram editados pela Civilização Brasileira, editora de enorme coragem durante a ditadura; o editor Ênio Silveira foi preso pelos militares. *Primeiros passos* são livros de bolso que explicam tudo: o que é socialismo, o que é cinema, o que é moda, o que é parlamentarismo. Há uma gama enorme de assuntos.
5> Criado pelo humorista Jaguar, o Sig foi o símbolo do *Pasquim*.

Ouvíamos toda hora no rádio
Jingles

Yo soy Detefon, Detefon, Detefon,
El Matador.
Yo mato, yo mato, yo mato.
Baratas, eu mato.
Mosquitos, eu mato.

G. Martins

Comunicações

Na sua cidade existia uma central telefônica com cabines para as pessoas fazerem interurbanos?

Pedia à telefonista para ligar para tal pessoa (dizia o nome) ou pedia pelo número? As telefonistas sabiam o número de todas as pessoas na sua cidade?

Sabe o que é uma mesa telefônica?

Achou chique demais quando chegou o DDD? Passou a dar trotes nas pessoas?

E o DDI então?

Falava nos orelhões usando jetom de metal?

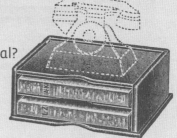

Você é do tempo das telefotos?

No seu escritório tinha telex?

Quando chegou o fax, achou a oitava maravilha do mundo? Mandava fax toda hora para todos os amigos? Mandava torpedos por fax?

Na sua empresa, para cópias, se usava o mimeógrafo a álcool?

Quantas cópias boas um carbono podia fazer? O melhor carbono era mesmo o Helios?

Quando o videotelpe chegou, você era daqueles que proibia que dissessem o resultado do jogo para assistir ao teipe tarde da noite como se fosse transmissão ao vivo?

Quando comprou sua primeira televisão, costumava deixar a porta do apartamento aberta para que os vizinhos vissem o aparelho na sala? Ou levava para a varanda fingindo que estava calor e contemplava com superioridade quem parava na rua tentando filar alguma coisa?

Quando os primeiros orelhões chegaram às ruas, no começo dos anos 1970, ficava telefonando de toda parte? Procurava orelhões com defeito para fazer chamadas interurbanas e internacionais?

Lembra-se do célebre e comovente comercial da morte de um orelhão? **(1)**

Seu primeiro celular era um daqueles tijolões?

Chegou a fingir no restaurante ou no bar que estava com o celular na mão, quando tinha apenas o controle remoto da televisão?

Vai aos shows e despreza o pedido para não se fotografar o artista, disparando o flash do seu celular quinhentas vezes, com quinhentos outros, na cara do pobre coitado que tenta divertir o público?

No restaurante fala o tempo todo no celular, esquecendo a comida? Quando trata de negócios e fala de quantias aumenta a voz?

Pensa, como eu, que todo mundo que fala no celular é surdo?

Achou o controle remoto, nos anos 1980, a nona maravilha do mundo? Finalmente não era preciso se levantar da poltrona para trocar de canal.

Viu o homem chegar à Lua pela televisão e maravilhou-se com a transmissão?

Lembra-se do susto que os americanos tomaram quando os russos mandaram um astronauta, Gagarin, ao espaço?

Também se emocionou com a viagem da cadelinha Laika, primeiro animal a viajar pelo espaço?

Quando chegaram os e-mails percebeu que os telegramas estavam mortos? No início você também dizia *um e meio*, por não entender bem a pronúncia?

Esclarecendo:
1> Foi um comercial antológico criado pela DPZ, em 1980.

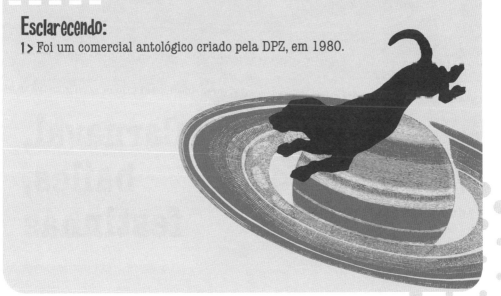

Carnaval, bailes, festinhas

Nos bailes, jogava confete na boca das pessoas?

Cheirava lança-perfume no lenço?

Jogava lança-perfume (era gelada) nos decotes, nas coxas ou no rego da bunda das mulheres?

Preferia lança-perfume Rodouro, com a embalagem metálica, mais cara, ou se contentava com a Colombina, de vidro, frágil?

Quebrava o lança-perfume Colombina dos moleques mais fracos?

Em Araraquara, depois do baile de carnaval, ia ao pasteleiro da rua 6 com a avenida Duque de Caxias?

Fez uma fantasia de odalisca?

Fez uma fantasia de árabe? Ou de Zorro?

Agora, cuidado com a idade. As frases entre parênteses são para relembrar os primeiros versos, depois é com você. Cantava *A Jardineira* (*Oh, jardineira por que estás tão triste? / Mas o que foi que te aconteceu?*), *Aurora* (*Se você fosse sincera, / ô ô ô ô, Aurora*) e *Mamãe Eu Quero* (*Mamãe eu quero, mamãe eu quero, / mamãe eu quero mamar, / dá a chupeta*)? *Maria Candelária* (*Maria Candelária, / é alta funcionária, / saltou de paraquedas, / caiu na letra O, O, O, O, O*), *Lata d'Água* (*Lata d'água na cabeça, / lá vai Maria, / lá vai Maria, / sobe o morro, não se cansa*), *Sassaricando* (*Sassassaricando, / todo mundo leva a vida no arame*), *Tomara Que Chova* (*Tomara que chova / três dias sem parar*), *Touradas em Madri* (*Eu fui às touradas de Madri, / pararatimbum, bum, bum / e quase não volto mais aqui, / pra ver Peri beijar Ceci*), *General da Banda* (*Chegou o general da banda, ê ê, / chegou o general ê, ah*) e *Balzaquiana* (*Não quero broto, / não quero, não quero não*)? Sem esquecer *Estrela-do-Mar* (*Um pequenino grão de areia, / que era um pobre sonhador*). Pirulito que bate, bate.

Em São Paulo, sentava-se na praça da República, de madrugada, depois dos bailes e depois de tomar café no Jeca, na esquina da Ipiranga com a São João?

Ou ia para o parque do Ibirapuera ver o sol nascer?

Frequentava os bailes do Clube Arakã, em cima do aeroporto de Congonhas, esperando pegar mulher? Não era lá que estavam as mulheres mais bonitas dos inferninhos de São Paulo? No carnaval elas davam de graça.

Esperava ansiosamente as edições de carnaval das revistas *O Cruzeiro* e *Manchete* para ver as mulheres de biquíni ou de seios quase de fora?

A *Manchete* não foi aumentando gradualmente o espaço para os bailes dos travestis (como eram chamados), do Gala Gay, até o momento em que lançava edições especiais com enorme circulação?

Ficava curioso para saber qual seria a fantasia monumental de Clóvis Bornay, sempre uma surpresa, um show?

Ouvíamos toda hora no rádio
Jingles

A melhor oferta quem faz
é a Eletroradiobraz!

Magison

Bailes, festas

Dançou seu baile de formatura com a orquestra de Severino Araújo?

Ou com a de Waldir Calmon?

Ou com a do Nelson de Tupã?

Ou com a de Simonetti?

Lembra-se do som da Orquestra Tabajara?

E a dos Românticos de Cuba?

Levou muita tábua das jovens? Costumava dar tábua nas mulheres feias e gordas?

Dava muita mancada?

Quando teve seu primeiro rádio com transistor?

Organizava festinhas Traga seu LP?

Tinha todos os LPs de Ray Conniff?

As baladas começavam, como hoje, à meia-noite e iam até o sol nascer?

Quando chegaram as raves você foi ver como eram? Ou chegaram tarde demais em sua vida, a noite foi feita para dormir?

Chupava Gotas de Pinho Alabarda para o hálito ficar fresco e suavizar a garganta, antes de dançar com alguma menina?

Morria de vergonha quando, nas festinhas, na penumbra sua mãe entrava, acendia as luzes, interrompia os amassos e oferecia aos seus amigos licor de figo ou de jabuticaba feito em casa?

Você dizia amasso? Ou bolinar? Era o mesmo que encoxar?

Você tinha compacto simples?

Tinha compacto duplo?

O compacto era em 33 rpm ou em 45 rpm?

Fez sucesso com a sua Sonata?

E quando chegou a primeira radiovitrola automática? Elas acomodavam dez LPs de uma só vez. Acabava um, o braço voltava, soltava outro e assim por diante.

Mais tarde, quando teve dinheiro, trocou pelo 3 em 1? Uma maravilha. Rádio, toca-discos e toca-fitas.

Teve um K7?

Quando estacionava o carro, tirava o toca-fita e levava consigo para o bar, cinema, restaurante e lá encontrava um mundo de gente que tinha feito o mesmo?

Dançou bolero?

Chá-chá-chá?

Letkiss?

Twist?

Dançava no Lancaster, na rua Augusta, o templo do twist?

Foxtrote?

Swing?

Samba-canção?

Baião?

Dançou ao balanço da bossa?

Conseguia se virar e rebolar na rumba?

Ia a festinhas psicodélicas?

Tomava ácido?

Misturava Dexamyl com Coca-Cola para dar um barato?

Tomava Pervitin para ficar a noite inteira acordado?

Frequentou aqueles happenings em que, a certa altura, alguém propunha: *Agora, todo mundo tira a roupa*?

Ouvíamos toda hora no rádio
Jingles

Em Hermes Macedo
vá buscar sua lambreta
e resolva de uma vez estes problemas:
atrasos, filas, correrias
e fins de semana monótonos.
Em Hermes Macedo,
com 150 cruzeiros novos de entrada.

Equipe Sonima

Bebidas

A cerveja Malzbier era boa
para aumentar o leite das mães
que amamentavam?

A expressão *a pausa que refresca* remetia a quê?

Quem bebe Grapette repete?

Tomava cuba-libre?

E vaca-preta? Às vezes, acrescentava rum Merino, ou Montilla, ou Bacardi à sua vaca-preta?

E vaca-amarela?

Hi-fi. Gostava?

E meia-de-seda?

Tinha estômago, enfrentava Caracu batida com ovo cru acreditando que fortalecia?

Tomava bloody mary antes que se tornasse bebida de gays?

O que era mais enjoativo: licor de ovos ou *Kümmel*?

Encarava bem o Fogo Paulista?

Já tinha entrado na adolescência quando apareceu o uísque Old Eight?

E o Steinhäger Becosa? Como acordava no dia seguinte?

Gin Seagers. Lembra-se da recomendação do marketing (a palavra, ou a profissão, não existia)? *Seagers? Diga Siga*.

Lembra-se do San Raphael?

Pedia Cynar?

Quantos frapês de coco conseguia tomar de uma vez?

Tomou Cerejinha?

E Laranjinha?

Tomava ice clube soda?

Era difícil encontrar Mineirinho fora de Minas e do Rio de Janeiro?

E Xodó da Bahia nos sabores umbu e goiaba?

Moda

Suas irmãs, primas ou tias, amigas, irmãs ou namoradas viviam reclamando, xingando e consertando o fio da meia que se entortava?

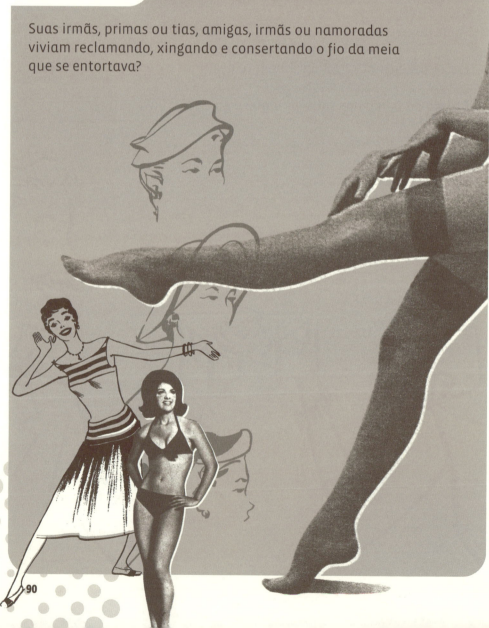

Sentiu a alegria imensa de sua mãe quando seu pai chegou com a primeira meia de náilon aparecida no Brasil depois da guerra? As meias de náilon não tinham um fio atrás?

Se aparecia um buraquinho mínimo na meia, elas consertavam com cuspe?

Na sua casa tinha um ovo de madeira para cerzir meias?

Você tinha um banlon?

Usou calça com nesga?

Tinha uma calça de napa?

Um casaco de *courvin*?

Camisa de gola rulê?

Conheceu o linholene?

Teve um vestido tubinho?

E uma saia plissada?

Usava kilt, a saia inglesa com pelerine, aquele casaquinho com a mãozinha para dentro?

Usava redingote?

Tinha uma calça boca de sino?

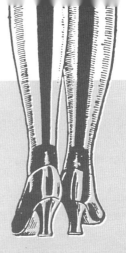

Adorou quando chegou a meia-calça?

Tinha uma saia de tergal? Outra de poliéster?

Sabia o que era Rhodia? E quem eram Livio Rangan, Inge, Giedre, Lucía, Mila, Mailu, Lílian, Darcy? **(1)**

Quem era o costureiro (hoje se diz estilista) magro, mitológico, diante de quem as elegantes cariocas e paulistas se curvavam e tinha o apelido de "geniozinho asmático"? **(2)**

Sua meia — de homem — tinha baguete? **(3)**

Teve uma camisa volta ao mundo?

Comprou uma calça rancheira? **(4)**

Quando, nos anos 1950, apareceu a revolucionária camisa esporte, sem colarinho e com um botão para fechar no alto, comprou logo uma?

Aderiu logo à minissaia ou teve medo? Ficava gozando as gordas de minissaias e celulite? Ou adorava se exibir?

Tinha uma bolsa capanga?

Adorou a modernidade da cueca Zorba?

Está voltando aos cuecões? À samba-canção?

Usou japona?

Usou poncho?

E Conga?

Tinha um Bamba?

Um Keds?

Usou roupa safári?

Calçava sapatos Clark?

E Scatamacchia?

Teve um Vulcabrás?

E um Samello?

Era daqueles que achava a sandália havaiana superbrega e jurou que jamais usaria uma?

Esclarecendo:

1> Livio foi um ousado e talentosíssimo produtor de moda e de shows que trabalhava para a Rhodia, uma empresa que produzia fios para tecidos. As mulheres citadas constituíram uma das mais célebres equipe de modelos do Brasil nos anos 1960. Os shows de Livio Rangan foram o embrião do São Paulo Fashion Week e do Fashion Rio.
2> Tratava-se de Dener, que montou para si mesmo um personagem que rendia a maior mídia.
3> Era um minibordado decorativo, feito à mão, nas meias masculinas da Lupo, a meia que mais vendia no Brasil.
4> As calças rancheiras são os jeans de hoje. Lembra-se daquele slogan: *Liberdade é uma calça velha, azul e desbotada*?

Ouvíamos toda hora no rádio
Jingles

Ki-Suco, fácil de fazer,
gostoso de beber.

Chico Oliveira

Comidas

Comia Mandiopã, aquela coisinha toda gordurosa?

Sabe o que era Ki Crocante?

Partilhou da alegria quando Suflair apareceu no mercado?

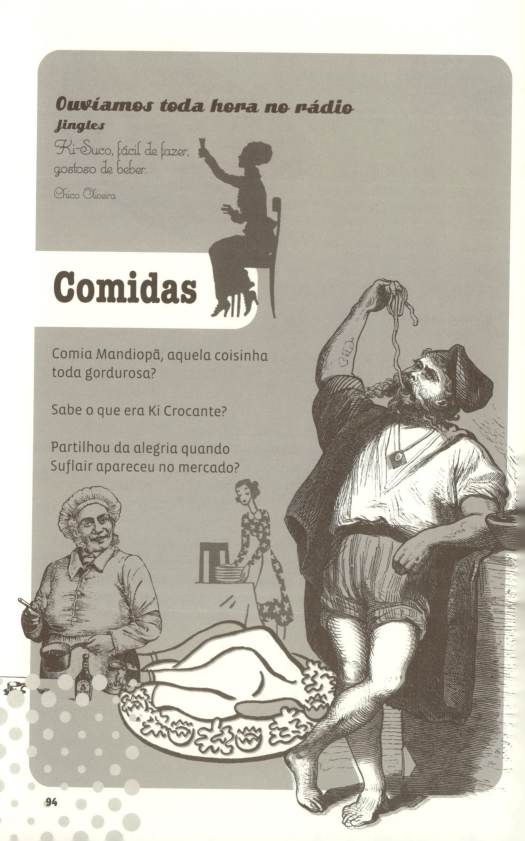

Enfrentava no botequim ou no bar de beira de estrada um ovo empanado ou um ovo colorido, uma salsicha no molho, asinha de frango no tomate, torresmo, calabresa com cebola?

Comeu coquetel de camarão?

No seu tempo era caro o camarão à Newburgue (assim se escrevia nos cardápios)?

E o filé à cubana?

Comia Sem Parar sem parar?

Ia comer rãs no Parreirinha, em São Paulo, na madrugada? Quase centenário, o restaurante fechou há três anos.

Ficou louco por Danone, quando ele surgiu em 1970 primeiro com o sabor morango?

Lembra-se das balas de cevada da Sonksen, que vinham numa latinha oval, vermelha?

Na dureza, a presuntada era uma iguaria?

E a fiambrada?

Tomava Vic Maltema?

Tomava Kresto?

Comia Dadinho Dizioli?

De quem era o slogan: *Tem gosto de festa*?

95

E, no Frevo da Oscar Freire, era viciado no sorvete capricho com aquela farofa especial? Tinha também o Frevinho na rua Augusta com rua Luís Coelho, não se esqueça.

Fora do Natal, as uvas-passas eram encontradas apenas em caixinhas vermelhas, com o desenho de uma mulher colhendo uvas. Como era mesmo o nome em inglês dessas passas? **(1)**

Saía para tomar banana split com a namorada?

Adorava milk-shake com o copo lambuzado de chocolate ou de xarope de morango?

Quando começou a mania de comida japonesa você aderiu logo, entusiasmou-se? Ou como boa parte achava que tudo tinha gosto de guardanapo?

Quando a febre diet, light, regimes entrou na pauta da sociedade, do mundo, você aderiu, entregou-se a ela, crente de que se sentiria melhor, mais jovem?

Achou o máximo quando foram abertas as primeiras lojas de conveniências?

Quando comprou sua primeira pipoca para micro-ondas abriu o envelope?

Esclarecendo:
1> Sun-Maid Raisins.

Ouvíamos toda hora no rádio
Jingles
Máquinas de lavar
Economatic Bendix

Pauta/Boneca

Música, canções

Era fã do Bobby Darin ou o detestava porque ele se casou com a Sandra Dee? Curtiu a versão brasileira de *Splish Splash* cantada por Roberto Carlos?

Era fã da Wanderléa, a Ternurinha? Gostava mais de *Prova de Amor* ou de *Meu Bem, Lollipop*?

Quem mesmo cantava *Pobre Menina*, versão de Hang on Sloopy? **(1)**

Bom Rapaz foi um sucesso de quem? **(2)**

Quem primeiro fez sucesso com *La Bamba* nos anos 1960? **(3)**

Vivo Só embalou solitários do Brasil inteiro. Quem cantava? **(4)**

Um famoso cantor hoje, rei do brega, nos anos 1960 emplacou um enorme sucesso na Jovem Guarda? Quem era e que sucesso foi? **(5)**

Durante a Jovem Guarda, houve uma versão de *California Dreamin'*. Lembra-se do título em português e de quem cantava? **(6)**

Quem cantava no Brasil o sucesso de San Remo *Não, não, não, ninguém poderá julgar-me, nem mesmo tu*? **(7)**

Quem era a Rainha do Rádio em São Paulo? **(8)**

Quem era a Rainha do Samba em São Paulo? **(9)**

Quem cantava *Hino ao Amor*? **(10)**

E *ninguém me ama, ninguém me quer*? **(11)**

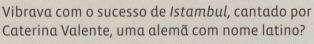

Adorava quando Nancy Sinatra cantava *These Boots are Made for Walking*?

Ficava extasiado(a) quando Julie London cantava *Fly me to the Moon*?

Reconhecia-se na música *Hier Encore*, de Charles Aznavour?

Vibrava com o sucesso de *Istambul*, cantado por Caterina Valente, uma alemã com nome latino?

Todo mundo tinha o compacto de Nat King Cole com *Blue Gardenia*, de um lado, e *Fascination*, do outro. Você também?

Claro, e também tinha o LP com o mesmo King Cole cantando em espanhol?

Quantas vezes ouviu *Jezebel* com Frankie Laine?

Tentava imitar Elvis Presley cantando *Love me Tender* para conquistar as meninas?

Tentava imitar os passos de John Travolta em *Os Embalos de Sábado à Noite*?

Gostava da canção *Nature Boy* antes de ela ser adotada pelos gays?

Para que lado Ronnie Von jogava a franja quando cantava *Meu Bem*?

Esclarecendo:
1> Leno e Lilian.
2> Wanderley Cardoso.
3> Trini Lopez.
4> Renato e seus Blue Caps.
5> Reginaldo Rossi, com *Mon Amour, Meu Bem, Ma Femme*.
6> Chamava-se *Não te Esquecerei* e era cantada por Renato e seus Blue Caps.
7> Jerry Adriani.
8> Isaura Garcia.
9> Isaura Garcia.
10> Wilma Bentivegna.
11> Nora Ney.

SINAL DOS TEMPOS
Percebeu que tristeza virou fossa, virou depressão? E que confiança em si mesmo se tornou autoestima?

Revistas musicais

Não perdia nenhuma apresentação de teatro de revista porque estava identificado com o quê? **(1)**

Frequentou o Teatro Santana na rua 24 de Maio?

E o Teatro Natal na praça Júlio Mesquita?

E o Teatro de Alumínio na praça das Bandeiras?

Sonhava conhecer o Teatro Recreio no Rio de Janeiro, templo das revistas?

Viu os primeiros stripteases com nu total no Teatro Santana da rua Amador Bueno?

Viu as revistas de Walter Pinto com Íris Bruzzi?

Ou assistiu e ficou fascinado com Lilian Fernandes, Sonia Mamede, Dercy Gonçalves, Violeta Ferraz, Virgínia Lane, Mara Rúbia, Joana d'Arc, Ingrid Thomas, Siwa, La Rana, Tomires?

Não perdia uma revista do Walter Pinto no Teatro Santana ou no Teatro Paramount, hoje Teatro Abril?

E do Zilco Ribeiro, conhecido como produtor de revistas de bolso?

Achava Zeloni o máximo quando imitava o Juscelino Kubitschek no teatro de revista e na televisão?

E Carlos Machado? O Rei da Noite carioca. No Rio, assistia aos seus musicais na boate *Night and Day*?

Ficava na saída dos teatros esperando as vedetes e se perguntando: *Quem será que come essas mulheres incríveis?*

Não perdia show dos Dzi Croquetes? E das Frenéticas?

E dos Mamonas Assassinas?

E da Blitz?

Lembra-se destas Certinhas do Lalau? Carmem Verônica, Íris Bruzzi (essas são fáceis, estiveram em grande evidência em 2006 na televisão, em *Belíssima*), Célia Coutinho, Rose Rondeli, Maria Pompeu, Eloina, Lílian Fernandes, Luely Figueiró, Angelita Martinez, Elvira Pagã, Norma Benguel, Elizabeth Gasper, Zélia Hoffman, Irma Alvarez, Norma Marinho, Irina Greco, Anilza Leoni, Marly Marley, Aizita Nascimento?

Falando nisso, o que eram as Certinhas do Lalau? **(2)**

Rossana Ghessa era uma vedete de teatro de revista, foi Certinha e logo depois estrelou um filme? Que filme foi esse? **(3)**

Tinha certeza de que não existiam Certinhas mais fascinantes que as mulatas Aizita do Nascimento, Daisy Paiva, as irmãs Marinho e Esmeralda de Barros?

Consegue acreditar (ou se lembrar) que Wilza Carla foi um dia uma boazuda sensacional, cobiçada pelo país inteiro e também Certinha do Lalau? Pois foi!

Vera Viana, a estrelinha de *Toda Donzela tem um Pai que é uma Fera*, foi objeto dos seus desejos?

Arduino Colasanti era tido como o homem mais bonito do Brasil? Não concorda? Então era Pedrinho Aguinaga?

Cobiçou Rose di Primo, um dos maiores mitos sexuais da década de 1970?

Sonhava frequentar o Castelinho no Rio de Janeiro para ver se topava com Duda Cavalcanti, Leila Diniz ou Danuza?

Qual era a estrela que pregava o naturismo, vivia cercada por cobras e tinha uma ilha de nudistas? **(4)**

A vedete Virginia Lane foi amante de um presidente da República. Qual? **(5)**

Esclarecendo:

1> Humor, sexo, mulheres de biquíni e coxas grossas de fora, piadas com duplo sentido, sátiras políticas, prazer, mulheres nuas (imóveis), paetês, humor escrachado e muita dança e música.
Foi embrião de programas como *Zorra Total*, *Praça da Alegria*, *Faça Humor Não Faça a Guerra*, *Planeta dos Homens*.

2> Mulheres com corpos esculturais, escolhidas pelo humorista Stanislaw Ponte Preta, também chamado de Lalau (pseudônimo de Sérgio Porto), para ilustrar sua coluna diária nos jornais. Uma das marcas dos anos 1960.

3> *Bebel que a Cidade Comeu*, de Maurice Capovilla, em 1968.

4> Luz del Fuego.

5> Getúlio Vargas.

Papo-cabeça

Lia Marcuse?

Lia Sartre e Simone de Beauvoir? Achava *O muro* e *Memórias de uma moça bem-comportada* livros fundamentais?

Leu o *Livro vermelho,* de Mao?

Leu (escondido, claro) *A guerra de guerrilhas*, do Che Guevara?

Tinha um pôster do Che Guevara em sua parede?

E o da Joan Baez? Claro, tinha todos os LPs da Joan Baez?

E o do Bob Dylan?

E o da Marilyn?

Ou do James Dean (aquele em que ele está solitário no meio de uma rua molhada de Nova York)?

Sentiu-se parte da juventude transviada?

Curtia fossa?

Leu Karen Horney? Fez autoanálise? Discutia neuroses com os amigos nos bares e nas festinhas?

Foi da "esquerda festiva" ou ironizava os revolucionários de plantão, que derrubavam governos e a ditadura nas mesas de bares, cantinas e bandejões universitários?

Usou muito a expressão: *O povo unido jamais será vencido*?

Proclamava: *Abaixo o imperialismo americano*?

Repetiu à exaustão: *Eliminemos os intermediários, Lincoln Gordon para presidente*? [1]

Definia: *Essa sua atitude é típica de um burguês*? Ser burguês era uma ofensa?

Assinou manifestos?

Discutiu a estrutura dos filmes de Resnais (*Ano Passado em Marienbad, Hiroshima, Mon Amour*) e de Godard?

Odiava o patrulhamento ideológico?

Lia e amava/odiava Paulo Francis?

Quis, a todo custo, se encontrar com Janis Joplin quando ela veio ao Brasil (anos 1970) porque ela era seu ícone?

Escandalizou-se com a sunga de crochê do Gabeira ou achou o máximo da ousadia e da provocação ao regime militar?

Quantas vezes assistiu *Sem Destino* (*Easy Rider*)?

E *Blow-Up*, do Antonioni? Lembra-se do título cretino/inexplicável que o filme tem em português? É *Depois Daquele Beijo*.

Quantos quilômetros a Jeanne Moreau andou em *A Noite*, de Antonioni?

Lia o jornal *Opinião*? O *Brasil Urgente*? Não perdia um número da revista *Realidade*?

Colecionou o jornal *Rolling Stones*?

Sabe o que foi *O Bondinho*?

Curtia as civilizações perdidas, a paranormalidade, o esoterismo, o poder da mente e outros assuntos até então tabus, expressos todos os meses na revista *Planeta*?

Curtia Raul Seixas?

Esperava a chegada do *Pasquim* por causa dos Fradinhos, do Ubaldo, o Paranoico? Admirava Henfil e seus quadrinhos, sua raiva da situação do Brasil, sua ironia? E o Henfil da *TV Homem*, dentro da *TV Mulher* da Globo? Achava uma ousadia? Perguntava-se: *A Globo não percebeu que está se autocriticando?*

Discutia os filmes de Glauber Rocha após as sessões, na cama, nos bares? Repetia sempre: *O sertão vai virar mar?*.

Fazia-se de misterioso, sugerindo, principalmente às mulheres, que fazia parte de um grupo da luta armada e vivia escondido em um aparelho, apesar de estar no bar tomando chopinho?

Esclarecendo:
1> Lincoln Gordon, embaixador dos Estados Unidos no Brasil, era acusado pela esquerda de ter tramado o golpe de 1964 com os militares. Graças a ele, diziam, a esquadra americana estava muito perto do Brasil, pronta a intervir. Seria uma invasão.

Ouvíamos toda hora no rádio
Jingles

Ideias luminosas.
Lustres Bobadilha.

R.Gazeta/Itá Ferraz

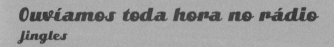

Amor, sexo, brincadeirinhas

Chegou a cantar a *Ladainha das Moças*, invocando as qualidades do namorado? Aquela que, entre outras, suplicava:
São Benedito, que ele seja bonito.
Santa Felicidade, que ele me faça a vontade.
São Sebastião, que me leve à função.
São Miguel, que dure muito a lua de mel.
Santo André, que não me pegue no pé.
E assim por diante.

Colocava Santo Antônio de cabeça para baixo até arranjar namorado?

Para mulheres: Três dias antes de São João, plantava cabeças de alho num vaso? Quantas cabeças brotassem tantos seriam os anos a esperar pelo casamento.

Para comprar camisinha você esperava a farmácia esvaziar, entrava, chamava o farmacêutico de lado e pedia sussurrando?

Lembra-se quando transou sem camisinha pela primeira vez com a namorada, que começou a usar a pílula anticoncepcional?

Adolescente, acreditava que se podia imaginar a envergadura do "atributo" de um rapaz pelo tamanho do nariz?

Para os homens: Na juventude, o que significavam os prédios apelidados de "pombais"?

Frequentava os inferninhos da Boca do Luxo ou os muquifos da Boca do Lixo?

Você fez footing? Rodou quilômetros nas calçadas paquerando?

Você flertava?

Mandava correio elegante nas quermesses ou no colégio? O azul do homem para a mulher. O rosa da mulher para o homem. Comprava-se na papelaria? O correio elegante era o torpedo de hoje pelo celular.

Nas festinhas ou nos bailes era necessário o paletó. Pelo formalismo ou para esconder a excitação das danças cheek to cheek?

Para beijar namorado(a) antes colocava na boca um Jintan?

Frequentava a zona?

Frequentava os taxi-dancings Avenida, Maravilhoso, Cuba? Lembra-se do cartão que um funcionário da casa, implacável, picotava marcando o tempo de dança? Tentava transar com as dançarinas?

Teve amizades coloridas?

"Ficou" alguma vez ou é coisa para seus filhos, seus netos?

Tinha uma biscate na sua rua? Ela dava para você?

Até onde você deixava seu namorado levar as mãos?

Você e seus amigos achavam que homem não comia salada, não tomava vinho branco, não tomava bebida com o dedinho levantado, não usava calça justa e tinha horror de coquetel de camarão?

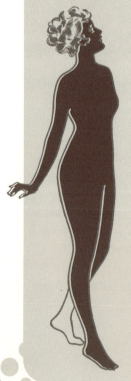

Colecionava a revista *Paris Hollywood* — tão difícil de ser conseguida — por causa das mulheres inteiramente nuas, ainda que estranhas, porque vinham retocadas, não tinham pelos, pareciam bonecas de plástico? Quem tinha essa revista alugava? A sua você guardava embaixo do colchão?

A partir de que idade o jornaleiro passou a lhe entregar os livrinhos de sacanagem em quadrinhos do Zéfiro? Você comprava e guardava ou fazia vaquinhas e as revistinhas de pornografia passavam de mão em mão no banheiro?

Seu filho hoje compra tranquilamente os livros que reproduzem o Zéfiro? Porque agora são chamados de comics (em inglês fica bem) e são considerados cult, estudados e analisados em universidade?

Televisão e rádio

Quem não se comunica, se estrumbica foi um bordão repetido por todos, fazia parte da linguagem coloquial. Celebrizou um apresentador, mas também serviu de tema de estudos, teses, ensaios acadêmicos sobre os meios de comunicação e como eles estavam moldando um mundo novo. Lembra-se de quem criou esse bordão? **(1)**

Na sua casa tinha um plástico colorido em frente ao aparelho de televisão para dar a ilusão de tevê em cores?

O seu aparelho tinha botão seletor de canais?

Tinha um botão para eliminar os riscos verticais e outro para os horizontais?

Colocava um pedaço de Bom Bril na antena para melhorar a transmissão?

Ligava a televisão e se amarrava naquele comercial em que uma menina cantava:

Alô, alô, quem fala?
É do armazém do seu José?
A mamãe pediu para mandar
uma lata dos biscoitos Aymoré?

Comia biscoitos e bolachas Duchen?

Nas tardes de domingo via um programa infantil patrocinado pela Brinquedos Estrela, o *Pim Pam Pum*? Tem a musiquinha ainda na cabeça?

Sete e sete são catorze,
com mais sete vinte e um,
eu não deixo de assistir
meu programa Pim Pam Pum.
Estrela, Pim Pam Pum.
Estrela, Pim Pam Pum.
Estrela, Pim Pam Pum.

Ao meio-dia, todos os dias, sintonizava a TV Record para assistir ao *Programa Feminino*, com Maria Tereza Gregory e Gilberto do Amaral Campos?

Não perdia *Alô, Doçura*, com Eva Wilma e John Herbert, que não era propriamente uma série, mas foi a primeira sitcom brasileira de enorme sucesso.

Aos sábados, sintonizava a Tupi para ver *O Almoço com as Estrelas*, do Airton e da Lolita Rodrigues?

Quando no Rio, sintonizava o mesmo programa, só que apresentado por Aerton Perlingueiro?

Assistiu ao *TV de Vanguarda*?
E ao *TV de Comédia*?

Ligava a televisão aos domingos para ver Arrelia entrar em cena cumprimentando: *Como vai? Como Vai? Como vai, vai, vai? Muito bem, muito bem, muito bem, bem, bem. E eu também*?

Assistia ao *Pullman Júnior*?

Ou à *Sessão Zig Zag*?

Ou à *Vila Sésamo*? Então sabe quem foi o Garibaldo?

Adorava a Elizabeth Darcy?

Na *Família Trapo* gostava mais do Jô Soares ou do Gollas?
Do Zeloni ou da Renata Fronzi?

Divertia-se e achava modernos os SOC, PUM, CRASH, POW do seriado *Batman*, herança das histórias em quadrinhos?

Também achava o Toppo Giggio um chato?

O Lima, assessor de comunicação — esse cargo não existia na época, era Relações Públicas — da Light, criou um programa vespertino de cultura e notícias na TV Record. Você viu alguma vez? Chamava-se *Lima da Light*, por causa do filme *Limelight*, de Chaplin.

Você cobiçava as garotas propaganda, que eram verdadeiras estrelas, todas muito bonitas, umas mais famosas, outras menos, mas todas fundamentais? Lembra-se de Idalina de Oliveira, Neide Alexandre, Neide Aparecida, Márcia Maria, Renata Joyce, Márcia Real?

Era fã do Trio Los Angeles? Invejava o Márcio, que dançava — mal, é claro — com aquelas duas mulheres lindas e gostosas? Ainda pensa: *Ah, onde estarão elas?*

Sexta-feira não perdia o Blota Júnior comandando na Record o *Essa Noite se Improvisa?*

Lembra-se de Ted Boy Marino?

Adorava quando Chacrinha jogava bacalhau no auditório e chamava: *Terezinhaaaaaa!*

Apoiava ou se indignava quando Flávio Cavalcanti, depois de criticar, quebrava LPs em cena e, estalando os dedos, pedia: *Nossos comerciais, por favor?*

Era contra ou a favor do tipo de programa feito pelo Homem do Sapato Branco?

Na TV Bandeirantes, aos sábados, apresentando programa de calouros, ele era o Bolinha. Mas você sabia que se chamava mesmo Edson Cury?

Procurava em que programa é que Gretchen, a primeira rainha das popozudas, estava se rebolando?

Escondido da família, sintonizava programas com as garotas do É o Tchan?

Quando vê o José Messias no júri do Raul Gil ainda fica perplexo: *Que idade esse homem tem?*

Faz um zapping na madrugada procurando o que tem nos canais eróticos?

Lembra-se de Raul Tabajara transmitindo jogos para a TV Record, repetindo sempre o slogan: *Pena que a nossa televisão não seja em cores?*

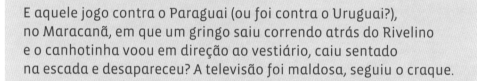

Lembra-se do milésimo gol de Pelé no Maracanã, em um jogo contra o Vasco da Gama? Tem na cabeça o desespero do goleiro argentino Andrada querendo evitar o gol, entrando tristemente na história?

E aquele jogo contra o Paraguai (ou foi contra o Uruguai?), no Maracanã, em que um gringo saiu correndo atrás do Rivelino e o canhotinha voou em direção ao vestiário, caiu sentado na escada e desapareceu? A televisão foi maldosa, seguiu o craque.

Seu aparelho de vídeo tinha o botão tracking?

Era necessário limpar o cabeçote de tempos em tempos para assistir com boa definição ao VHS?

Curtiu um walkman?

Esclarecendo:
1> Foi Abelardo Barbosa, o Chacrinha.

SINAL DOS TEMPOS
Bicicleta agora é bike, gafieira é dança de salão.

Anúncios, comerciais, propaganda

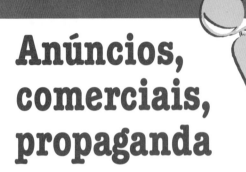

Lia esta propaganda na *Seleções*? Para cada fonte de energia há agora um Gelomatic. A querosene, a gás, elétrico. Anos 1940, olhe lá!

Também da *Seleções. Nova! Diferente! A moderníssima cama Faixa Azul.* De 1940 para 1950, atenção à sua idade.

Nas sorveterias e padarias: *Chica-Bom. Sorvete formidável.* Cr$ 1,50. De quando? 1947.

Lembra-se do slogan *Cica bons produtos indica*?

E do *Beneficiando três gerações* do Biotônico Fontoura?

Ainda tem na cabeça *Parker 51, a caneta que escreve no momento preciso*?

O que foi anunciado como *Caixinha de emoções*? Chicletes Adams.

Concordava com o jogador Gerson, que propagava o conceito "você tem de levar vantagem em tudo", que tanta ira despertou nos politicamente corretos?

Divertiu-se com as saias justas do "tio" da Sukita? Ele não podia ser parente do "baixinho" da Kaiser?

Achava "duca" a propaganda do Bamerindus que enaltecia *gente que faz*? **(1)**

Para que banco a dupla Rodolfo e Anita fazia propaganda?

Tinham razão quando exclamavam *51, uma boa ideia*? Um slogan memorável. **(2)**

E aquele título sobre a foto de uma mulher com um corpo impecável: *Afina-se o violão. Lycra-Verão 85*?

Lembra-se? *Use e abuse. Matte Leão. Já vem queimado.* Nas caixinhas de madeira.

Assustou-se quando viu aquela palavra, GORDO, em letras vermelhas e enormes no centro da página? Começava a febre dos regimes, dietas, a luta contra a balança. O anúncio dizia: *Se esta palavra chamou sua atenção, você está preocupado com o problema. Está na hora de tomar Suita.* Para orientar, o anúncio é de 1969.

E aquela frase marota, sugerindo duplo sentido? *O único fino que satisfaz.* Propaganda de quê? Ano? 1970. **(3)**

E aquele creme dental que tinha *sabor de loucura*?

Será que se esqueceu de que *o primeiro sutiã a gente nunca esquece*? **(4)**

E aquele que todo mundo repetia: *Bonita camisa, Fernandinho!?*

Outro que se incorporou à linguagem coloquial foi: *Não é nenhuma Brastemp.* Verdade? **(5)**

Esclarecendo:
1> "Duca" era a abreviatura de "do caralho", que tanto homens quanto mulheres diziam. *Gente Que Faz* foi uma campanha criada pela Colucci e permaneceu anos e anos na mídia. A expressão incorporou-se à linguagem coloquial.
2> Criação do Joca para a Lage, Stabel & Guerreiro, em 1978.
3> Do cigarro Chanceller.
4> Um comercial da W/GGK para a Valisère, de 1978.
5> Criação da Talent em 1990. Ficou dez anos em cartaz.

Ouvíamos toda hora no rádio
Jingles

Cantado com sotaque francês:
Ela está sempre bonita,
ela está sempre feliz.
Ela anda sempre na moda,
última moda de Paris.
Ela está sempre elegante
esteja onde estiver,
ela se veste em Marisa,
Marisa moda de mulher.

Eldorado/A. Messina

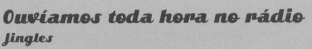

Cinema

Qual o único filme que os cinemas exibiam na Sexta-feira Santa? **(1)**

Nas matinês (chamadas de vesperais em algumas cidades) de domingo, batia os pés no chão quando o mocinho perseguia o bandido?

Nos filmes de amor — que achávamos chatos e monótonos — contava os beijos entre as personagens? 1 x 0, 2 x 0, 3 x 0. Mistério 1: Quem levava o zero? A mocinha? Afinal, foram tempos machistas.

Nos musicais, odiava quando uma das personagens começava a cantar, o que acontecia a todo momento? Mistério 2: Por que programavam musicais na matinê para crianças?

Que seriados seguiu: o do Zorro, do Fu Manchu, do Flash Gordon? Acaso se lembra do Clyde Beatty, um domador de animais?

Durante a semana tentava reproduzir os perigos dos heróis do seriado? Discutia com os amigos como o ídolo se safaria daquele perigo final de capítulo?

Comprava balas Fruna e colecionava álbuns com o retratinho (menor do que um 3 x 4) dos artistas de cinema?

Não achava o cheiro da bala Chita enjoativo?

Na sessão das oito da noite, você, leitora, usava — como quase todas — o perfume Tabu, de Dana, com aquele rótulo de um violinista agarrando e beijando uma mulher? A mulher seria a pianista?

Nos cinemas, odiava quando começava o complemento nacional?

Comprava e lia de cabo a rabo a *Cena Muda* e mais tarde a *Cinelândia*?

Que célebre personagem feminina disse a frase: *Se eu fosse uma fazenda, não teria porteiras*? **(2)**

E esta outra, antológica: *Apertem os cintos que a noite vai ser longa*? **(3)**

Adorava as colunistas Lyba Frydman, Zenaide Andréa e as reportagens da Dulce Damasceno de Brito com suas fotos ao lado das celebridades hollywoodianas?

Mais intelectual, você seguia a correspondência que Alex Viany — depois diretor de cinema — enviava de Hollywood todas as semanas em *O Cruzeiro*?

Divertia-se com a neurastenia de Moniz Vianna, o crítico que não gostava de nada?

Nos musicais da Metro, quem tocava a orquestra levando nos braços um cachorrinho chiuaua?

Se nas chanchadas da Atlântida sempre havia o Bene Nunes tocando piano no meio da fumaça de gelo-seco, nos musicais americanos quem sempre aparecia ao piano? **(4)**

A música *Al Di La*, que todo mundo cantava e dançava, nas festinhas e no clube, era de que filme? **(5)**

Ficou espantado quando Moisés (Charlton Heston) dividiu o mar ao meio em *Os Dez Mandamentos*?

Sofreu com Ryan O'Neal no momento em que ele soube que sua amada estava com câncer e ia morrer em *Love Story*?

Em que filme brasileiro havia uma onça que piava como um pássaro e que despertou a maior polêmica? **(6)**

De que filme é a frase que correu mundo: *Amar é nunca ter de pedir perdão?* **(7)**

Chegava cedo ao Cine Olido (o único a ter poltronas numeradas com compra antecipada de ingressos) para ouvir a orquestra do maestro Raphael Pugliesi?

Quando ia ao Cine Odeon, preferia a Sala Azul ou a Sala Vermelha?

Ficava de olho na programação do Cine Jussara, na rua Dom José, por causa dos filmes franceses? Participava da opinião generalizada que os filmes franceses traziam sacanagem, só porque havia uns seios de fora?

Vaiava o *Amplavisão*, do Primo Carbonari? Lembra-se do slogan do cinejornal? **(8)**

Ia ver filmes em terceira dimensão (3D, como se dizia) e precisava colocar aqueles óculos de plástico para ajustar as imagens?

Assustou-se quando viu Cinerama pela primeira vez, com aquele filme em que se mostrava a descida aterrorizante de um trenzinho na montanha-russa?

Quando o símbolo da Distribuidora Condor aparecia na tela do cinema, você fazia, como toda a plateia, *xô, xô, xô*, só para ver a ave levantar voo? Depois ria e aplaudia?

Que filme celebrizou o uso da manteiga e infernizou a censura no Brasil? **(9)**

Em que filme você levou mais sustos? Em *O Exorcista* ou em *Tubarão*? Sabe o ano em que foram lançados? **(10)**

Cultura geral: Qual foi um dos primeiros filmes a ser concebido pensando-se em produtos paralelos como camisetas, bonecos, brinquedos, cartazes etc. e que foi um sucesso estrondoso? **(11)**

Esta frase você conhece bem: *Phone home*! De que filme? Falando nisso, sabe que esse filme já completou 27 anos? **(12)**

Achou que o futuro tinha chegado com os cinemas multiplex, o ingresso informatizado, a venda de bilhetes pela internet e as filas únicas?

Precisou pedir a seu filho que explicasse *Matrix* para você? Ou curtiu mais do que ele?

Entendeu o funcionamento do cinema digital ou para você cinema ainda é celuloide?

Específicas de certas tribos: Ele foi um dos exibidores mais poderosos do país, o maior distribuidor do interior, com cinemas em São José do Rio Preto, Botucatu e dezenas de outras cidades. Quem era? **(13)**

Em Araraquara, lembra-se da Nena Porto indo ao cinema descalça, um escândalo, uma sensação, um desafio para a época? Lembra-se também de que a belíssima Marilena Vieira só ia ao cinema na sessão de segunda-feira e que muita gente também ia somente para vê-la?

Em Araraquara, comprava dropes ou chicletes de hortelã (Adams) no Chafih para a hora de dar um beijo na namorada? Ou ia à Mercearia Lauand comprar um bombom Sonho de Valsa, tão caro naquele tempo, anos 1950?

Em Marília, ia ao CineBar, grudado ao cinema, antes ou depois da sessão?

Esclarecendo:

1> *Vida e Morte de Nosso Senhor Jesus Cristo.*

2> A personagem foi Gilda e a atriz, Rita Hayworth.

3> A personagem Margot Channing (Bette Davis) em *A Malvada*, de Joseph Mankiewicz.

4> Carmen Cavallaro e Jimmy Durante.

5> *O Candelabro Italiano.*

6> *O Cangaceiro*, de Lima Barreto.

7> *Love Story.*

8> O slogan era: *Amplavisão filmando ao Brasil vai informando*. Primo Carbonari faleceu recentemente com mais de 80 anos. Hoje, se reconhece que seus execrados telejornais na verdade têm preciosidades ao revelar instantes da história do Brasil. Sua vida e obra estão sendo documentadas pelo produtor Eugênio Puppo.

9> *O Último Tango em Paris*, com Marlon Brando e Maria Schneider.

10> *O Exorcista*, de William Friedkin, é de 1973, e *Tubarão*, um blockbuster dirigido por Steven Spielberg, de 1975.

11> *Guerra nas Estrelas*, de George Lucas, de 1977. O filme rendeu 185 milhões de dólares.

12> *E.T., o Extraterrestre*, de Steven Spielberg, filme de 1982.

13> Pedutti, uma lenda do pioneirismo.

A descoberta do corpo, tela e palco

Ficou alucinado com as coxas de Silvana Mangano em *Arroz Amargo*?

Com as longas pernas de Cyd Charisse em *Cantando na Chuva*?

Com os seios de Jane Russell em *O Proscrito*?

Com a nudez total de Brigitte Bardot em *...E Deus Criou a Mulher*?

Tremeu quando viu Françoise Arnoul **(1)** inteiramente nua nos braços de Henri Vidal em *Escravas do Amor (L'Épave)*?

Não perdia filme da Martine Carol, porque ela sempre mostrava os seios?

Cobiçava Cuquita Carballo, a rumbeira gostosa, que atuava com a orquestra de Ruy Rey?

Não perdia dramalhão mexicano para chorar e se emocionar ou ficava apenas esperando o momento em que a rumbeira — porque não havia dramalhão sem rumbeiras — com suas coxas grossas começava a dançar?

Lembra-se de Ninon Sevilla, de Maria Antonieta Pons, de Meche Barba, de Amália Aguilar e de Rosa Carmina? Além de belas coxas, o que faziam que as identificavam?

Viu algum destes dramalhões mexicanos que foram sucesso? *Perdida, Ao Som do Mambo, Delírio Tropical, Senhora Tentação, Aventureira, Vítimas do Pecado, Não Nego meu Passado, Mulheres Sacrificadas, Paixões Atormentadas, A Mulher do Porto.*

Mas em matéria de coxas voluptuosas, Lyris Castellani, de *Absolutamente Certo* e *A Ilha,* era imbatível, não acha?

Não perdia as pornochanchadas para ver nuas mulheres como Helena Ramos, Aldine Müller, Nicole Puzzi, Zaira Bueno, Matilde Mastrangi, Marlene Jobert?

Ainda guarda na cabeça a Ursula Andress de maiô branco no primeiro filme de James Bond, *O Satânico Dr. No*?

Ver Norma Benguel nua, de frente, em *Os Cafajestes*, não foi uma cena espantosa naqueles anos 1960 de tanta censura e repressão moral?

Foi assistir *Hair* quantas vezes para ver Sonia Braga nua?

Encantou-se com a nudez total de Ítala Nandi em *O Homem do Pau-Brasil*, filme de Joaquim Pedro de Andrade?, e em *O Rei da Vela*, dirigida por Zé Celso?

Foi assistir *Dona Flor e seus Dois Maridos* quantas vezes para ver Sonia Braga nua? **(2)**

Desejou Odete Lara em *Noite Vazia*, de Walter Hugo Khouri? Tinha mulher mais sensual no cinema dos anos 1960?

Conseguiu comprar o VHS de *Amor Estranho Amor*, filme de 1982, também dirigido por Walter Hugo Khouri, em que Xuxa apareceu nua? **(3)**

Correu ao cinema depois que todo mundo comentou a cruzada de pernas de Sharon Stone em *Instinto Selvagem*?

Esclarecendo:
1> Françoise Arnoul foi uma estrelinha extremamente sensual dos anos 1950, antecedendo Pascale Petit, Mylène Demongeot e Brigitte Bardot.
2> Acreditou na história que corria que as cenas de transa entre Sonia e Wilker tinham ocorrido realmente no set de filmagem e que existia uma versão integral correndo no mercado negro pornô? Ninguém nunca viu essa versão.
3> Acontece que Xuxa foi ficando famosa como a "Rainha dos Baixinhos", se arrependeu do filme, foi à justiça e conseguiu a retirada do vídeo do mercado.

A idolatria inocente

Foi apaixonado pela Suzanne Pleshette?

E pela Natalie Wood?

Achava Eliana Macedo, a superestrela das chanchadas, bonitinha, engraçadinha, mas má cantora, má dançarina e má atriz? Mesmo assim adorava Eliana?

Achava Eliane Lage, a Greta Garbo da Cinematográfica Vera Cruz, bonita, elegante, sofisticada, sensual e sonhava com ela depois de filmes como *Caiçara*, *Terra é Sempre Terra* ou *Ângela*?

Não achava estranhíssimo — e ao mesmo tempo invejava e achava que havia chance para todo mundo — que María Félix, a mulher mais bonita do mundo, tivesse se apaixonado e se casado com Agustín Lara, compositor e cantor de boleros, um homem magro, feio, esquisito, com uma enorme cicatriz no rosto?

Não achava lindo que Agustín Lara tivesse criado o bolero de maior sucesso do mundo, *María Bonita*, depois que foi chutado por María Félix? A partir daí passou a acreditar que a arte se faz pela dor de cotovelo?

Preferia a Sonia Braga de *Gabriela* (telenovela) ou a da *A Dama do Lotação* e de *Eu te Amo*?

Consegue esquecer Ava Gardner em filmes como *A Condessa Descalça* ou *As Neves do Kilimanjaro*?

E Rita Hayworth em *Sangue e Areia*?

Quantas vezes foi ao cinema para ver Sarita Montiel cantar *La Violetera* e ainda levou a namorada, a noiva, a esposa?

Modernidades que são antiguidades

Teve o Citicard, um dos primeiros cartões de crédito do país? Era vermelho, não era?

Ficava preocupado quando, ao apresentar o cartão de crédito para pagar uma compra, a gerente puxava uma lista para ver se o seu cartão não estava bloqueado por falta de pagamento ou roubo, extravio etc.? **(1)**

A caneta esferográfica não te causou espanto?

E o cartão telefônico substituindo o jetom circular de metal?

E o rádio Spica, o transistor?

Assustou quando as válvulas dos rádios e das televisões desapareceram?

Comprou logo uma Kodak Instamatic?

O aparecimento do Durex foi uma revolução em sua vida?

E cerveja em lata, então? Não diziam que a lata envenenava o líquido? Ao pedir cerveja em lata você também se sentia dentro de um filme americano?

Falando em filme americano: nos bares sempre havia uma televisão ligada em um jogo de futebol. Ah, que inveja dos bares americanos e suas tevês...

Mandou filmar seu casamento, filmou seus filhos crescendo com uma Super 8?

Esclarecendo:

1> Eram tão poucos ainda os cartões que essas listas tinham em geral três ou quatro páginas. E a palavra inadimplência ainda não entrara em circulação.

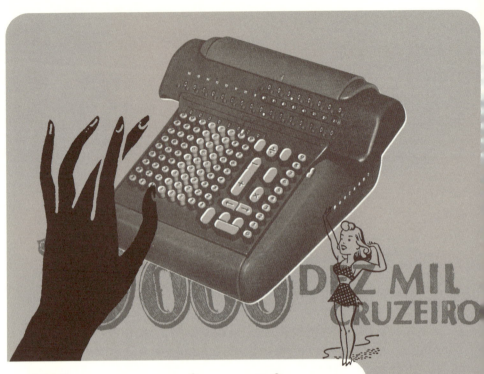

Mix ou miscelânea ou variados

Pegou o tempo do conto de réis? Ainda diz que tal coisa custa um conto, dois contos?

Leu estes nomes ou o que eles escreveram? Eram pessoas que sabiam tudo e representaram uma época no Rio de Janeiro: Jacinto de Thormes, Ibrahim Sued, Zózimo Barroso do Amaral, Nina Chaves.
Ou em São Paulo: Tavares de Miranda, Alik Kostakis, Mattos Pacheco, Irene de Bojano, Marcelino de Carvalho, Giba Um. O que eram, o que faziam? **(1)**

Pagava o cafezinho com os passes amarelos da CMTC?

Fez muitos cálculos nas calculadoras Facit?

Recebeu pagamento pelo cartão perfurado holerite?

Lembra-se o que era um barão? De quanto era a nota e qual a cor? **(2)**

E quando se dizia *um Cabral* ou *uma abobrinha* se dizia quanto? **(3)**

Sabe exatamente quando a URV se tornou o real?

Também nunca entendeu direito a palavra contracheque? Contra quem?

Qual foi o livro que ficou conhecido como o de cabeceira de todas as misses? **(4)**

Anos mais tarde, esse livro no qual você pensou foi derrotado por outro. Qual foi? **(5)**

Esclarecendo:
1> Eram os colunistas sociais, lidos, respeitados e temidos; eles mudaram o tom das antigas colunas de aniversários e casamentos e incluíram política, economia, variedades, fofocas; tinham poder e eram invejados.
2> Nota de cinco cruzeiros na cor marrom.
3> A nota de mil cruzeiros que tinha um lado cor de abóbora.
4> Se disse *O pequeno príncipe* acertou. Por causa das misses muita gente boa tinha vergonha de dizer que lia a história criada por Saint-Exupéry.
5> O livro que destronou *O pequeno príncipe* foi *Fernão Capelo Gaivota*. Hoje nem se sabe se alguma miss lê alguma coisa.

Momentos de São Paulo

O trem das 11 da música de Adoniran Barbosa existiu. Ele ia para onde em São Paulo? **(1)**

Subiu a escada rolante da Clipper?

E a da Galeria Prestes Maia?

O bonde "camarão" era o quê? **(2)**

O bonde 36, em São Paulo, fazia que percurso? **(3)**

E o avenida 3? **(4)**

Para onde ia o bonde 14, que todo intelectual tomava, inclusive Fernando Henrique Cardoso, e também Antonio Candido, depois de tomar chocolate na Leiteria Americana? **(5)**

Qual os dois percursos mais longos de bonde na cidade?
João Mendes-Santo Amaro ou Lapa-Penha?

Invejava os carros que tinham as chapas de número 1 a 10, que pertenciam a um famoso milionário, tido como o homem mais rico do Brasil? Quem era ele? **(6)**

Tomou expresso num dos primeiros cafés a trazer a máquina italiana para São Paulo e que ficava na Galeria Califórnia, na rua Barão de Itapetininga? Levava os amigos, todo orgulhoso?

Tomava café no Jeca, de madrugada?
Viu Caetano Veloso por lá?

Frequentava a Livraria Francesa na rua Barão de Itapetininga para comprar *Le Livre de Poche*, ou *Cahiers du Cinéma* ou *Les Temps Modernes*?

Ia tomar café no aeroporto, na madrugada?

Aos domingos frequentava o terraço de Congonhas para ver aviões? Levava a família ou parentes do interior?

Passava pela avenida Rebouças, em São Paulo, para ver o gatinho branco (de louça) subindo no telhado?

Convidava amigos do interior para ficar admirando o show daquele guarda de trânsito que, quando o carro parava na faixa, se aproximava, abria as portas do veículo e mandava o povo atravessar por dentro? E dirigir o trânsito era toda uma encenação? Ele agia na rua Xavier de Toledo, entre o Mappin e o prédio da Light. Como se chamava aquele guarda? **(7)**

Depois de uma noite com os amigos que vinham de fora, ia até Santo Amaro para mostrar o monumento mais brega, mais kitsch, mais cafona do mundo, a estátua do Borba Gato, toda feita de pastilhas?

Lembra-se da primeira Casa do Pão de Queijo atrás do Cine República? Das filas à espera do pão quentinho?

Quando o boliche chegou não saía da pista no Urso Branco? Era bom em fazer *strikes*?

Envergonhava-se quando amigos cariocas perguntavam: *Onde fica o Bob's em São Paulo?* e confessava que não tinha Bob's na cidade. No Rio, ir ao Bob's era programa da juventude.

Ficava complexado (usou essa palavra certa época?) porque no Rio de Janeiro tinha um motel famoso, o Vip's, e em São Paulo não? Divertia-se com o apelido do monumento do Ibirapuera, esculpido por Victor Brecheret, e que comemora o IV Centenário da Cidade? **(8)**

Ia à boate Medieval, na rua Augusta, em São Paulo, apenas porque tinha curiosidade para saber como era o emergente mundo gay? Achava que o mundo estava mudando?

À noite, por falta de programa, costumava aparecer na avenida São Luís, para se juntar ao grupo de curiosos que da rua observavam os funcionários do Itaú e da IBM processarem os "cérebros eletrônicos" do primeiro Centro de Processamento de Dados do banco **(9)**

Se estava dirigindo, sabia que tinha cometido uma infração pelo apito do guarda de trânsito, aquele com capacete branco?

Encontrava por toda a parte a inscrição, quase slogan: *Cão Fila-Km 26*? Chegou a descobrir o significado, que era obscuro para a maioria? **(10)**

Deliciou-se quando a cidade foi invadida por aquele que é considerado o primeiro grafite criativo da cidade: *Mônica, te fiz mulher*?

Ia assistir a todas as peças do Teatro de Arena? Pelos textos, ou por atores como Gianfrancesco Guarnieri, Paulo José, Flávio Migliaccio, Milton Gonçalves, Juca de Oliveira, Lima Duarte, Nelson Xavier, ou deslumbrado com atrizes como Dina Sfat, Isabel Ribeiro, Joana Fomm, Riva Nimitz, Vera Gertel, Marilia Medalha?

Artistas de teatro e de cinema como Sérgio Viotti, Jardel Filho, Miriam Pérsia, Raul Cortez, Lennie Dale, Celso Faria, Fulvio Stefanini, Nathalia Timberg e o diretor teatral Alberto D'Aversa, o maquiador e ator Jean Laffont costumavam levar suas roupas para lavar/passar em uma pequena tinturaria da rua Nestor Pestana, esquina da rua da Consolação. Lembra-se do nome da tinturaria e o da dona, que se tornou uma célebre fotógrafa? **(11)**

Esclarecendo:

1> Para a Cantareira, passando pelo Jaçanã. Nesse bairro foi erguido o estúdio da Maristela, companhia de cinema.

2> Eram os bondes inteiramente fechados, neles não se tomava chuva.

3> Partindo da praça do Correio, subia para as avenidas Angélica e Paulista.

4> Saindo da rua Xavier de Toledo, ao lado do Mappin e da frente da Light, subia a Consolação até a Paulista e descia a Brigadeiro Luís Antônio até a rua Asdrúbal do Nascimento.

5> Para a Vila Buarque. Subindo a Consolação e entrando na rua Maria Antônia, deixava os passageiros quase dentro da Faculdade de Filosofia.

6> O conde Francisco Matarazzo, que os mais íntimos chamavam de Chiquinho.

7> Era o guarda Luisinho, considerado uma figura pelo gestual e pantomimas. Popular, tentou se eleger vereador, perdeu e desapareceu.

8> O povo dizia que era "puxa, que eu empurro".

9> O centro de processamento ficava como que em uma vitrine e tudo o que os curiosos viam eram imensas máquinas com rolos de teipes acoplados girando; fora, ninguém entendia nada; dentro, o ar-condicionado ronronava, computadores (ou cérebros) não suportavam calor, entravam em pane.

10> Era a propaganda codificada de um criador de cachorro da raça Fila; a inscrição, na época, anos 1960/1970, competia com as pichações das Casas Pernambucanas, que se espalhavam pelo país inteiro, em qualquer pedra à beira de rodovias.

11> Era a Tinturaria Irupê, cuja dona, Madalena Schwartz, se tornou uma das melhores autoras de portraits do Brasil, tendo criado um acervo único com a classe teatral e cinematográfica. Madalena chegou a fazer exposições na Alemanha e nos Estados Unidos.

Conhecimentos inúteis mas verdadeiros

Sabe o que era curra? Seguiu em *O Cruzeiro* — e ficou indignado — a série de reportagens de Davi Nasser sobre Aída Curi, a jovem currada no Rio de Janeiro e jogada do alto de um prédio por Ronaldo de Souza Castro, um playboy?

Mesmo assim acabou comprando óculos escuros iguais aos do Ronaldo, porque ele virou moda? **(1)**

Ouviu falar, leu, invejava, queria pertencer ao famoso Clube dos Cafajestes do Rio de Janeiro, um bando de jovens cariocas que se divertiam aprontando, promovendo grandes festas, bailes à fantasia e conquistando as maiores e melhores mulheres da época e todos bons de briga? Entre outros do Clube participavam Mariozinho de Oliveira e Carlinhos Niemeyer, o homem do Canal 100?

Leu e se divertiu (ou se irritou com o machismo) quando Baby Pignatari, o industrial milionário e também playboy, cansado das neuras de sua namorada, a atriz Linda Christian, contratou um bando de gente para circular em frente ao Copacabana Palace com cartazes: *Go home, Linda?*

Com quem o Itamar Franco estava no sambódromo e o que a companhia dele estava mostrando para os jornalistas? (2)

Marta Rocha perdeu o Miss Universo por quantas polegadas? Foi assunto nacional, só se falava nisso. (3)

A expressão *folha seca* definia o quê? (4)

Lembra-se do Uri Geller, o paranormal que entortava —até pela televisão — garfos e colheres?

Durante o Plano Cruzado do Sarney — aquele fracasso — entusiasmou-se quando apareceu o "xerife dos supermercados"? Lembra-se da figura?

Você hoje se pergunta onde estará "o beijoqueiro"?

A epidemia da "vaca louca" levou-o também a deixar de comer carne, a se afastar das churrascarias, abominando a picanha e a fraldinha? Você também riu ao saber que vaca louca em italiano era *muca pazza?*

Quem é a autora da frase antológica que deveria estar em todos os livros de auto-ajuda: *Por mais fundo que seja o buraco, a boa notícia é que ainda não tem terra por cima?* **(5)**

Invejou Tarso de Castro — um dos fundadores do *Pasquim* — quando a bela atriz americana Candice Bergen se apaixonou por ele?

Todos dizíamos, diante de uma pessoa que negava a realidade, parecendo não atinar com situações óbvias: *Tem pai que é cego.* Quem criou e popularizou esse bordão? **(6)**

Há uma história antiga, que diz: Certa vez, no Bar Veloso, hoje chamado Garota de Ipanema — onde teria sido criada a canção mais célebre do mundo, diante da visão de Helô Pinheiro —, entrou um escafandrista, todo paramentado. Desatarrachou o capacete, colocou-o na cadeira ao lado e pediu um chopinho. O garçom serviu, como se todos os dias escafandristas viessem ali. As pessoas entravam, sentavam, pediam aperitivos e chopinhos, nem olhavam para o escafandrista com aquela roupa amarela, vistosa.
As gerações dos anos 1960 se consideravam descoladas, prafrentex (olha o termo!), nada no mundo era espantoso, curioso, diferente, insólito. O escafandrista pediu outros chopinhos e ninguém parecia estar aí. Foi quando um intelectual de grande envergadura, uma das cabeças pensantes mais lúcidas deste país, parou de comer, olhou o bar, levantou-se e deu um grito — porque tem uma voz potente: *Minha gente! Está na hora de pararmos de fingir que um escafandrista tomando chopinho aqui é a coisa mais natural do mundo! Não é! Podem olhar para ele! Perguntar por que está vestido assim, aqui! Qual é a dele?* Quem foi esse homem pé no chão, um grande poeta? **(7)**

141

Esclarecendo:

1> Hoje se diria fashion. Veja o item seis do último Esclarecendo deste livro na página 175.

2> A jovem era Lílian Ramos e não usava nada por baixo, exibindo generosamente o principal. Hoje ela vive na Itália, casou-se com um nobre.

3> Perdeu por duas polegadas, mas há uma versão de que foi uma lenda. E daí?

4> O chute de Didi, um meio de campo célebre, esteve até na seleção. Ele batia de tal modo na bola que ela fazia uma curva, como se fosse uma folha seca caindo, e enganava o goleiro. Era um tempo em que se jogava de verdade, sem a corrupção do dinheiro.

5> Dercy Gonçalves aos 96 anos de idade. Pode copiar e citar.

6> Jô Soares, em seu humorístico semanal na TV Globo.

7> Ferreira Gullar. Não se sabe se é história verdadeira, se é lenda. Mas como disse John Ford em *O Homem que Matou o Facínora*: Publique-se a lenda.

Víamos toda hora na televisão
Comercial

Este ia ao ar invariavelmente às 22 horas, mostrando um menino de camisola, a vela na mão, indo dormir, e a música:

Já é hora de dormir,
não espere mamãe mandar.
Um bom sono pra você
e um alegre despertar.

Jingle do Boni da Globo em cima de uma vinheta musical de Mario Fanicchi e Erlon Chaves.

Era o comercial dos Cobertores Parahyba.

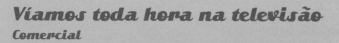

Viveu essa época?

Xingava os tontos/estúpidos/cretinos de boko-moko?

Tomou alucinógenos? Ou lisérgicos?

Tomou chá de cogumelo?

E de lírio? **(1)**

Achava o LSD uma barra ou curtia as viagens?

Nunca experimentou o chá de haxixe ou o de maconha? **(2)**

Tinha estante de tijolos? Ou a sua era de caixotes coloridos, pintados à mão?

Tinha um pufe? Nas festas as pessoas corriam para se instalar no pufe? Descobriu que transar nele era a coisa mais difícil do mundo? **(3)**

Achava as performances o máximo do modernismo?

Comia sandubas, crente que a invenção dessa palavra era um avanço na linguagem?

Na parede do seu apê havia ao menos um quadro psicodélico?

Mandava cortar garrafas para fazer copos e vasos?

Em casa, mandou raspar o piso de tacos, pintou com anilina colorida (azul ou verde) e mandou sintecar, para ficar na última tendência da decoração?

Corria ao supermercado comprar a sopa Campbell's? Tinha a de tomate, a de aspargo e a de galinha.

Ridicularizava os jovens da TFP com seus estandartes e suas opas vermelhas gritando slogans contra o comunismo e os comunistas? **(4)**

Hoje, orgulhoso de sua mochila Armani, Zegna ou Vuitton ou outra grife qualquer, você, por um instante, pensa que também foi mochileiro e, como tal, tinha um conga, curtia a música latino-americana de flautinhas e ouvia Mercedes Sosa?

Comprava incenso dos hare krishnas?

Curtiu o paraíso hippie em Arembepe enfrentando a maior barra com os pais? Desbundou, pirou?

Achava o máximo participar do underground, dizia para todo mundo que era da contracultura? E o que era contracultura? **(5)**

Leu quantas vezes *As portas da percepção*, de Aldous Huxley?

Seguiu Krishnamurti?

Leu, releu, recomendou, guardou seu exemplar de *O despertar dos mágicos*, de Pauwels e Bergier? Achou que o mundo tinha outra dimensão? **(6)**

Esclarecendo:
1> Assustou-se quando viu que o chá de lírio enlouquecia as pessoas e que não tinha volta?
2> O haxixe ficou popular depois dos Beatles e de Carnaby Street. Na maconha, todo mundo dava um tapinha, enrolava um baseado, curtia uma larica.

3 > Os pufes voltaram à ordem do dia no ano 2004, em São Paulo. São vendidos nas esquinas e nas praças públicas em cores vibrantes, fosforescentes. Mas agora como símbolos da breguice.

4 > Os mais jovens hoje não sabem que TFP queria dizer Tradição, Família e Propriedade, uma organização altamente reacionária.

5 > Quando o termo contracultura surgiu você entendeu o significado real ou pensou, como muita gente, que era um movimento contra a cultura, para acabar com ela? Uma das melhores publicações sobre o clima, a vida e o comportamento daquele tempo é *Anos 70 — enquanto corria a barca*, de Lucy Dias, editora Senac.

6 > No começo dos anos 1970, quando Luis Carta comprou os direitos da *Planète* para lançá-la no Brasil, fui à França para um contato com Louis Pauwels, o fundador, já que eu seria o editor aqui. Na França fiquei sabendo uma coisa curiosa. Pauwels era um direitista de boa cepa, enquanto Bergier tinha sido da Resistência, lutando contra o nazismo durante a Segunda Guerra Mundial. Nunca entendi como se juntaram e criaram aquela revista que foi um hit da época. Aqui no Brasil, podia-se comprar a *Planète* na Livraria Francesa, na rua Barão de Itapetininga, mas era necessário reservá-la, esgotava-se no dia em que chegava. Era a busca pelas novas dimensões do oculto, dos poderes da mente.

Ouvíamos toda hora no rádio
Slogans

Caderneta de poupança
é o cofrinho da Delfim.

Sonima/Passarinho

Momentos da história

Onde estava quando o CCC (Comando de Caça aos Comunistas) invadiu o teatro agredindo o elenco de *Roda Viva*, peça musical de Chico Buarque de Holanda, dirigida por Zé Celso?

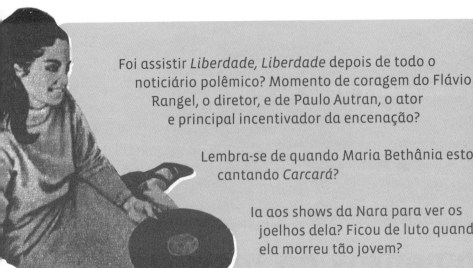

Foi assistir *Liberdade, Liberdade* depois de todo o noticiário polêmico? Momento de coragem do Flávio Rangel, o diretor, e de Paulo Autran, o ator e principal incentivador da encenação?

Lembra-se de quando Maria Bethânia estourou cantando *Carcará*?

Ia aos shows da Nara para ver os joelhos dela? Ficou de luto quando ela morreu tão jovem?

Frequentou o João Sebastião Bar?

E o Cravo & Canela, logo abaixo?

E o Saloon, na rua Augusta?

Sabia que o termo Jovem Guarda, antes de ser usado pela dupla de publicitários Magaldi e Maia para batizar um movimento musical, foi o título da coluna social de Ricardo Amaral, que falava de jovens no jornal *Última Hora*?

Um negro de 1,94 metro, cabelos encaracolados, jeitão black power, foi a sensação maior do V Festival Internacional da Canção do Rio de Janeiro, um dos mais polêmicos. Lembra-se quem era o cantor e o que ele cantou? **(1)**

Nesse mesmo festival, o maestro Erlon Chaves executou uma performance (como se dizia) e beijou algumas garotas loiras em pleno palco. Lembra-se o que isso custou a ele? **(2)**

Tony Tornado começou a namorar a loira atriz Arlete Sales. Ainda tem na mente a repercussão do caso, aliás, o que foi possível a imprensa publicar, devido à censura existente? **(3)**

Quando diziam que João Gilberto tinha uma batida diferente, entendia, sabia do que estavam falando, percebia que a música brasileira estava mudando?

Quantos anos tinha na noite em que Sérgio Ricardo, revoltado, quebrou seu violão durante o III Festival de Música Popular Brasileira, da Record? Guardou a manchete antológica do jornal *Notícias Populares*: "Violada no Auditório"?

Jura que entendeu as propostas de Gilberto Gil com *Domingo no Parque* e do Caetano com *É Proibido Proibir*?

Vibrou com *Construção*, de Chico Buarque?

Esclarecendo:

1 > Tony Tornado, que interpretou *BR-3*, um enorme sucesso. Porém a música teve problemas, foi encampada pelo pessoal do fumacê e denunciada pelo colunista Ibrahim Sued como incentivadora de drogas.

2 > Erlon Chaves, um negro, foi preso na saída do Maracanãzinho, acusado de atentar contra o pudor, sendo seus gestos classificados como "obscenos". Os jornais atacaram Erlon dizendo que ele foi cafajeste e desrespeitoso. As mulheres de alguns generais sentiram-se muito "ofendidas". Erlon foi proibido de exercer suas atividades artísticas por trinta dias. A acusação atentatório à moral e ao pudor era uma alegação recorrente. Meu romance *Zero*, proibido em 1976, saiu de cena com duas linhas: *Atentatório à moral e ao pudor. Assinado: Armando Falcão.* Pouco depois, Erlon Chaves teria um infarto fulminante, morrendo aos quarenta anos.

3 > Um negro namorando uma loira era muito além do que podia a tradicional família suportar e Tony sofreu violenta campanha moralista, viveu um inferno astral sem tamanho.

(Recorri aqui ao livro de Zuza Homem de Mello, *A era dos festivais*, um excelente panorama daqueles anos turbulentos.)

Compras, crediários, roupas feitas

Ouvíamos toda hora no rádio
Jingles

A vida é pra valer,
cada segundo, no fundo,
meu pique é total,
meu compromisso é o mundo,
a conquista, o amor, o prazer, o suor,
eu quero andar por aí,
eu quero o melhor.
Se você é assim,
seu jeans é Yck's.

Dimas Stúdio/Paulo Pugliesi

Comprava na Mesbla?

Comprava na Isnard?

Fazia crediário no Eron?

Lembra-se do slogan: *Ela se orgulha de você. Renner, a boa roupa*?

Ou na A Exposição?

Frequentava o Mappin? Tomava lanche à tarde no Salão de Chá?

Comprou na A Sensação?

E na Garbo?

Ou preferia a Cássio Muniz?

Comprava ternos na Ducal?

Preferia a Sears, que tinha de tudo?

Comprou camisas na Cosmos?

E na Old England?

Sapatos no Minelli, caríssimos?

Seriados na TV

Você seguiu *O Vigilante Rodoviário*? Depois sintonizava *Chips*, a dupla de policiais rodoviários norte-americanos Baker e Poncherello?

O cachorro Lobo, do Vigilante, teve um precursor no cinema brasileiro, o pastor-alemão Duque. Duque contracenava com Mazzaropi, famoso cômico brasileiro, cuja carreira se iniciou na Cinematográfica Vera Cruz no filme *Sai da Frente*, argumento e direção de Abílio Pereira de Almeida. Ficou célebre também o caminhão de Mazzaropi nesse filme, o Anastácio.

Seguia as aventuras do Capitão 7?

E do Capitão Asa?

Decorou a frase final de cada capítulo de *Os Waltons*?
Boa noite, John Boy; boa noite, Mary Anne.

Ficava ligado no *Além da Imaginação*?

Nunca desejou conhecer a fazenda Ponderosa dos Cartwrights
em *Bonanza*?

Identificava sua cidade ou seu bairro com a atmosfera do filme
e da série *A Caldeira do Diabo* (Peyton Place)?

Implicava com a capa velha do Columbo (Peter Falk)?

Sabia de cor a música do Bat Masterson?
No velho oeste ele nasceu
e entre bravos se criou...

Jeannie (Barbara Eden) ou a Feiticeira
(Elizabeth Montgomery). Qual era a sua preferida?

Achava o máximo o início de *Missão Impossível*?
O gravador e a frase: *Esta gravação se autodestruirá*
em cinco segundos? Em seguida a fumacinha
dissolvendo a fita.

Divertia se com as trapalhadas do Agente 86, uma Ironia em cima do
sucesso dos filmes de 007? O ator Don Adams morreu recentemente.
A série foi transformada em dois filmes, dos quais um já saiu: *Agente 86*.

Não perdia capítulo de Kojak, o detetive interpretado por Telly
Savalas, que vivia com um pirulito na boca numa série policial?

Gostava ou odiava o doutor Smith de *Perdidos no Espaço*? Lembra-se
do slogan dele: *Nada tema, com Smith não há problema*?

Ouvíamos toda hora no rádio
Jingles

A noite ainda é uma criança
e nós já vamos a rodar.
Noite bonita, cheia de estrelas,
eu e você no 110 HP.
Quando a manhã chegar,
vai nos encontrar no 110 HP.
De Aero Willys, de Aero Willys,
rodando contente no 110 HP.
Aero Willys, o carro a rigor.

Paula/Passarinho

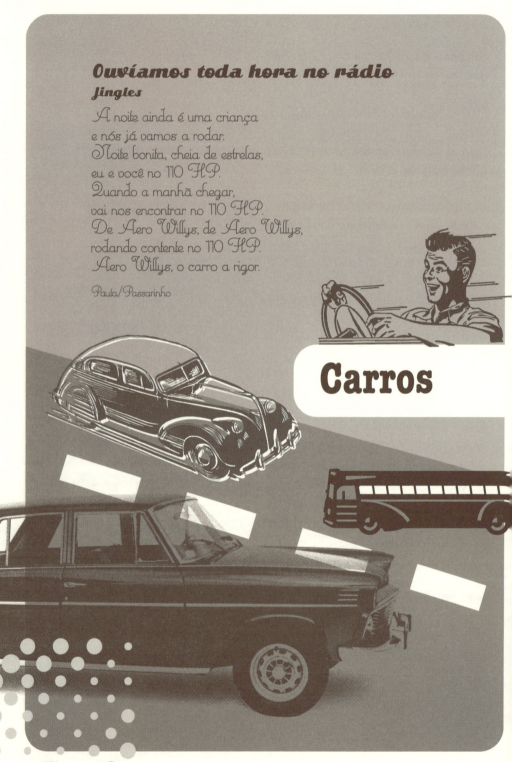

Carros

Costumava andar naqueles carros Chevrolet 1938 pretos, que eram os táxis de São Paulo, ou usava mais bondes e lotações?

Lembra-se dos lotações? Táxis que faziam sempre o mesmo percurso e iam aceitando e despejando passageiros por um preço fixo?

Viajava pelos "papa-filas" imensos que atravancavam o trânsito?

Invejava quem tinha Cadillac conversível rabo de peixe?

Achava o Landau uma "barca" cafona, sonho de novo rico?

Tinha um carango? Ou um calhambeque?

Andou de Vemaguete?

De Romi Isetta?

De Rural Willys?

De Simca Chambord? Até o presidente da República tinha um.

Comprou uma Variant assim que saiu e achou o máximo?

Qual era o *veículo de confiança em qualquer terreno*, aquele que fazia *a sua própria estrada*? **(1)**

E um Dodge Dart então?

O Chevrolet Impala não era deslumbrante?

Achava que uma pessoa normal não cabia no Gordini ou no Dauphine? E no entanto, nos anos 1960, o Jô Soares tinha um Gordini.

Achava o Landau o máximo do chiquê?

Sabe o que é um "fenemê"?

Uma "baratinha"?

Lembra-se da propaganda: *Pela primeira vez na história da industria nacional carro de passageiros quatro portas: DKW-Vemag?*

Esclarecendo:
1> Propaganda de 1958 anunciando o Jeep Willys.

Música, rádio e ídolos

Era do fã-clube da Emilinha Borba ou da Marlene?

Gostava das irmãs Batista? Preferia qual? Dircinha ou Lindinha?

Quem era chamado o Rei da Voz? **(1)**

E o Seresteiro das Multidões? **(2)**

Conceição foi um sucesso cantado por quem mesmo? **(3)**

Quem era a Rainha da Fossa? **(4)**

Quem era a "favorita da Marinha" e também a "minha, a sua, a nossa favorita"? **(5)**

Ouvia pela Rádio Nacional o humorístico *Balança, mas Não Cai*?

Lembra-se do *Repórter Esso*? Todas as noites ele começava e você sabia pelo slogan: *A testemunha ocular da história*?

Que música mesmo foi apelidada pelo povo de "churrasquinho de mãe"?

Seguia os programas de auditório da Rádio Nacional? Qual apresentador preferia: César de Alencar, Paulo Gracindo, Ary Barroso, Renato Murce, Almirante (criador do primeiro programa de auditório brasileiro)?

Você ouvia Bob Nelson com seu estilo entre country e tirolês? Lembra-se da paródia (e grande sucesso) *Eu Tiro o Leite*?

Quem era o "cantor que dispensa adjetivos"? **(6)**

Você preferia Ivon Curi cantando *La Vie en Rose* ou *C'est Si Bon* ou *ela só quer, só pensa em namorar*?

Quem era o "cantor namorado do Brasil", também conhecido como El Broto? **(7)**

Quem era a Rainha da Dor de Cotovelo? **(8)**

Que cantora tocava acordeão e era chamada tanto de "a que tem simpatia para dar e vender" como a "bela do acordeão"? Nos filmes da Atlântida ela cantava em dupla com Eliana Macedo **(9)**

Quem era a *Rainha do Chorinho*? **(10)**

E do "queijinho de Minas", a Martinha?

Não perdia apresentação da PRK 30 de Lauro Borges e Castro Barbosa?

Pedia ao seu pai para ligar nos programas do Nhô Totico?

No ano em que Luiz Gonzaga lançou o baião, 1945, o que você estava fazendo?

Quando na Rádio Nacional diziam "ela que canta e samba diferente", referiam-se a quem? **(11)**

Tarde da noite, o locutor dizia: *Quem sabe o mal que se esconde nos corações alheios? O Sombra sabe*? Você seguia esse programa noturno de arrepiar? **(12)**

Seguia emocionado as aventuras de Jerônimo, o Herói do Sertão, e seu companheiro, o Moleque Saci? **(13)**

Não perdia capítulo da série *Obrigado, Doutor*?

E a *Hora do Pato*? Ouvia?

Comprava discos e não perdia nenhum show da Perla?

Cantou *Volare*, de Domenico Modugno, a plenos pulmões?

Emociona-se com *Hier Encore*, cantado por Charles Aznavour, achando que era a sua vida?

Cantava *Ne Me Quitte Pas* como se fosse um hino feito para sua alma?

Tinha certeza que *Ouça*, cantada por Maysa, tinha sido feita pensando em você?

Acreditava que *Datemi un Martello*, de Rita Pavone, era um grito revolucionário da juventude?

Cantou para sua namorada(o) ao telefone: *Dio, como Ti Amo*?

Sabia de cor *Love me Tender* e levava a música na cabeça o tempo inteiro, crente que havia no mundo todo amor para você?

Mas confesse: ao tentar cantar *Au rutti tutti frutti* se confundia todo e admirava ainda mais Elvis Presley que se saía muito bem naquele que foi um dos seus carros-chefes?

Comprou todos os LPs de Paul Anka, Neil Sedaka, Bobby Darin e Nancy Sinatra?

Sentia-se embalado ao som de *Those Were the Days*, cantada por Johnny Mathis?

Repetia e repetia *Les Feuilles Mortes (Folhas Mortas)*, cantada por Yves Montand?

Assobiava na rua *I Love Paris in the Springtime*, imaginando-se nas ruas da cidade ou atravessando o rio Sena em frente à Notre-Dame?

Esclarecendo:
1> Francisco Alves.
2> Silvio Caldas.
3> Cauby Peixoto.
4> Nora Ney.
5> Emilinha Borba.
6> Carlos Galhardo, cujo apelido foi dado por Cesar Ladeira.
7> Francisco Carlos, que estourou com o sucesso: *Meu brotinho, por favor, não cresça, / por favor, não cresça, / já é grande o cipoal.*
8> Dolores Duran.
9> Adelaide Chiozzo.
10> Ademilde Fonseca.
11> Marlene, cujo nome verdadeiro era Vitória Bonaiutti.
12> O Sombra podia ficar invisível e tinha poderes sobrenaturais.
13> Sua voz era a de Saint-Clair Lopes, célebre locutor da Nacional do Rio. O programa teve problemas com a ditadura militar, que implicava com tudo, vendo ameaças por toda parte, e foi encerrado na década de 1960.

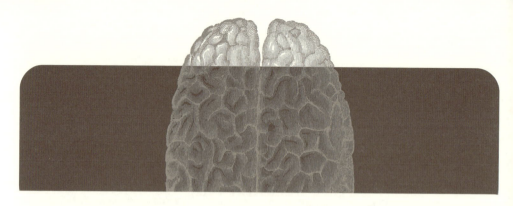

Mais um momento-cabeça

Comprou todos os livros de Castaneda, discutiu, levou para toda parte, acreditava que os "bruxos" como Don Juan existiam?

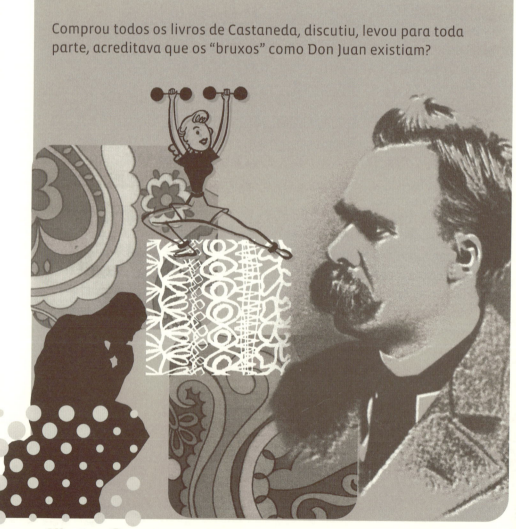

Ainda lê Nietzsche?

Ficou impressionado quando McLuhan declarou que o mundo era uma aldeia global?

Achou o Festival de Woodstock, nos EUA, o máximo pelo que significou como revolta ou por causa das fotografias de mulheres nuas passeando na plateia que se esparramava pelos gramados?

Foi ao Festival de Águas Claras imaginando que seria outro Woodstock?

Quando cuidar do corpo se tornou mais uma neurose, psicose, do que uma ação saudável, você entrou logo para uma academia de malhação?

Estas coisas aconteceram no mesmo ano: a MTV entrou no Brasil, a novela *Pantanal* estourou na audiência, Cazuza morreu, a Alemanha foi unificada. Que ano foi esse, importante também para o Brasil? **(1)**

Acompanhou o Big Brother Brasil do começo ao fim torcendo por algum candidato ou, enfastiado com tanta mediocridade, desligou a televisão e foi ler um livro?

Tomou Prozac, Lexotan, tem um armário cheio de remédios "faixa preta"?

Esclarecendo:
1> 1990. Ano em que Collor assumiu a desastrada presidência e a ministra Zélia confiscou o dinheiro de todos, tornando-se maldita e odiada.

Ouvíamos toda hora no rádio

Jingles

Quando a Cachopa passou,
o assoalho da casa brilhou.
Cachopa!
Aplica uma vez
e tem brilho luminoso
todo o mês.

RGE/Maugeri Neto

Impossível não passar pela política

No seu tempo de estudante se dizia Centro Cívico, Grêmio ou Diretório Acadêmico?

Onde estava no dia em que Getúlio Vargas se suicidou? Na aula (dispensaram todo mundo) ou ainda não tinha nascido?

Votou em Jânio Quadros acreditando que as caspas do seu paletó e o sanduíche de mortadela que comia nos comícios fossem reais e não produto de marketing?

Lembra-se das marchas pela família e tradição, manifestando-se contra Jango Goulart? Participou ou ficou na calçada gozando?

E a Marcha dos 100 Mil o emocionou? Achou que alguma coisa estava estranha no país?

Em 1964, seus pais — ou você — deram Ouro para o Bem do Brasil?

Qual político brasileiro, brilhante jornalista, temível polemista, tinha o apelido de "o corvo"? **(1)**

Quando os jornais, durante a ditadura, falavam em "aparelho", você sabia do que se tratava ou pensava em um equipamento? **(2)**

Na noite de 4 de novembro de 1969, o Corinthians derrubou um longo tabu conseguindo vencer o Santos por 2 x 0. Nessa mesma noite, um fato político importantíssimo aconteceu em São Paulo e foi matéria de todos os jornais no dia seguinte com enorme destaque. Tem uma lembrança do que foi? **(3)**

Dom Helder Câmara era uma figura carismática, odiada pelos conservadores e pela direita brasileira. Um político paulista, em 1970, deu-lhe o apelido de "Fidel Castro de batina". Lembra-se quem foi esse político, homem de nomeada em vários governos? **(4)**

Foi para as ruas como um "cara pintada"?

Marchou pelas *Diretas Já*?

Esclarecendo:

1> Carlos Lacerda, diretor da *Tribuna da Imprensa*, um homem que com seus discursos desmontava o adversário. Um dos responsáveis pela crise que levou Getúlio Vargas ao suicídio.
2> Eram os apartamentos clandestinos onde se refugiavam os considerados subversivos, os que faziam a luta armada.
3> O líder da luta armada, um dos homens mais procurados pela repressão, Carlos Marighella, foi morto em São Paulo, na alameda Casa Branca, numa emboscada que teve grande repercussão, um golpe forte que a guerrilha acusou.
4> O autor da frase foi o ex-governador de São Paulo, Roberto de Abreu Sodré, também um ex-ministro das Relações Exteriores.

SINAL DOS TEMPOS

Antes você dizia colapso nervoso. Agora, está usando estresse?

Aqui vai pegar, peça ajuda

Seu filho já apareceu com uma namorada transgótica?

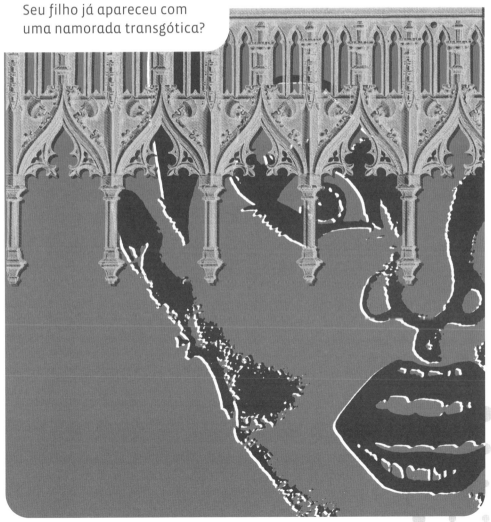

Sua filha namorou um pós-dark radical?

Foi ao Madame Satã? Teve vontade de ir?
Lembra-se em que década ele surgiu e assombrou? **(1)**

Quando seu filho confessou que era um clubber você achou o máximo, depois foi perguntar à filha de um amigo o que era isso?

O que você sabe da cultura club? Para você que achava o Madame Satã o máximo, o que significam lugares como Nation, Massivo, Sra. Kravitz? **(2)**

Sabe, ouviu falar, leu sobre os "banheirões"? Alguma vez teve ideia do que significava o termo? **(3)**

Qual era o efeito do velho Vick VapoRub na cena noturna? **(4)**

Esclarecendo:

1> Uma casa que marcou o início da cena underground em São Paulo e ficou famosa no país inteiro. Era em um casarão, o 873, da rua Conselheiro Ramalho, na Bela Vista (conhecido também como Bexiga). Funcionou entre 1984 e 1986. Para o jornalista Mário Mendes, era "um desses lugares em que, uma vez que você entra, a viagem não tem volta, é como uma droga poderosa". O bairro da Bela Vista tem uma tradição em inovações: ali, nos anos 1940/1950 existiu o Nick's Bar, célebre por abrigar grã-finos, artistas de teatro e cinema, do TBC e da Vera Cruz; ali foi inaugurado o TBC, primeiro grupo que se libertou do teatrão europeu; ali houve das primeiras feiras de antiguidades na rua; ali nasceu e cresceu o Teatro Oficina, do Zé Celso, um dos mais ousados, avançados e corajosos grupos teatrais do Brasil; ali, no Teatro Paramount, ocorreram os inesquecíveis Festivais de Música Popular Brasileira dos anos 1960 e 1970, com forte oposição à censura e à ditadura.

2> Até este momento, dez anos depois que Érika Palomino publicou a primeira bíblia sobre o movimento, o livro *Babado forte*, ninguém atualizou o assunto, acrescentou informações, redefiniu a noite; é um livro delicioso, forte, limite da noite paulistana. Érika explica: "O conceito de clube surgiu juntamente com a explosão da house music no mundo. Os clubes seriam o templo da nova música, do novo som. Nos anos 1970 tivemos as discotecas, nos anos 1980 as danceterias... A Nation era numa galeria comercial na rua Augusta... a porta vivia fechada, era uma portinha aberta junto a um grande muro de metal... as pessoas eram selecionadas na porta, a fila na calçada era tanta que virava bagunça... dentro, uma sensação épica... O Nation significou a introdução à música techno e o passo de dança mais famoso ali era o step, mas dançava-se vogue, a dança oficial do videoclipe de Madonna". Fechado o Nation, entrou em ação o Massivo, em 1991, na alameda Itu, em São Paulo. No Massivo, "tudo é permitido", diz Érika, "os anos 1990 parecem transitar entre diferentes sexualidades e experimentar novos momentos, como se cada noite fosse Carnaval... meninos se permitem ficar com outros garotos... as garotas podem beijar outras garotas sem precisar sair com rótulos ou sob os olhos da opinião de todo o clube... O Sra. Kravitz, aberto em 1992, tornou-se uma lenda, era uma casa que misturava hetero, homo, bi, lésbica, um pouco de tudo; era o humor, o humor debochado". Nation, Massivo, Kravitz significavam que tudo tinha mudado, a noite não era a mesma, evoluíra, o conceito romântico de boemia tornara-se uma ruína, era rançoso, havia coisas frescas e novas e, felizmente, loucas e livres no ar. Na minha vida ficou essa lacuna, nunca fui ao Kravitz; talvez não tivesse mais idade para isso; ou tinha?

3 > Era o pessoal que não saía dos banheiros, onde as atividades eram frenéticas. Havia, mas não havia separação por sexos, era homem no banheiro de mulher, mulher no de homem. Grupos, nudez parcial ou total, sexo oral ou com penetração. Era, ainda que não se acredite, lugar de conversa, troca de informações, de babados. Era comum pessoas dizendo: "te vejo no banheiro" (conta a Palomino).

4 > Tinha, diziam os aficionados, o mesmo efeito que tomar ecstasy.

Terminologias, radicais, supostas modernidades

Você é do tempo em que se dizia vitrola? E se disserem agora MP3 ou iPod você identifica? Ou resume tudo na palavra som?

Lembra-se quando a palavra reengenharia entrou na sua empresa e você perdeu o emprego?

Você pronunciava ióga (com a vogal O semiaberta)? Agora mudou para iôga?

Sabe que não se diz mais piano e sim teclado? Uma palavra ou outra identificam imediatamente a sua idade.

E Roraima? Dizia Corãima (com o A semifechado) e agora, por causa da Globo, passou a pronunciar Roráima (com o A aberto)?

Dizia estou grilado, que puta grilo, bicho-grilo?

Você ainda tem dificuldades de dizer duzentos, quatrocentos gramas (forma correta), preferindo a forma antiga (e errada) quatrocentas gramas?

Você dizia cafona ou mudou para brega?

Você diz injeção eletrônica ou carburador?

Se alguém diz ao seu lado que vai fazer um download você entende?

Ao ver pela primeira vez num restaurante ou lanchonete a palavra delivery, perguntou ao garçom ou ao gerente se era um prato novo? **(1)**

Sabe o que quer dizer sinistro na linguagem dos skatistas e surfistas? **(2)**

E buzão? Já ouviu dizer e entendeu? Já disse para parecer jovem? **(3)**

O que é um sujeito cabeção?

Agora, tosco já entrou para a linguagem de jovens e maduros e velhos, concorda? Ou é uma afirmação muito tosca?

Se outro diz chat, você fica na sua, crente que sabe?

Custou a saber o que é um blog?

Estranhou a palavra site?

Passou a usar o termo deletar na vida diária?

Diz printar em lugar de imprimir?

Jogou o Crysis Crytek Software? Ou o Prey 2K Games?

Quando alguém fala em webcam, você não fica por fora?

Mas se uma pessoa se referir a motherboard, Asus, off board, você tem condições de encarar a conversa?

Quando encontra palavras como bjs, ou vc, ou pque, sabe o que significam ou fica por fora?

Ou você é do tempo do in e do out, do gente bem, do shangai?

Como soube da palavra piercing? Pelos jornais ou quando seu filho/filha apareceu com um na orelha, no nariz, nos lábios?

Assustou-se ao ver um piercing na língua de sua filha/filho?

E quando descobriu que havia piercings até mesmo nas xoxotas, achou que o mundo estava acabando? **(4)**

Como reagiu quando viu seus filhos entrarem com o jeans rasgado, esburacado, raspado e até meio sujo? Imaginou um acidente ou ficou contente porque eles estavam dentro da modernidade? **(5)**

Quando leu ou ouviu a palavra fashion, pensou logo que se tratava de moda ou sabia do significado maior, sabia o que a palavra definia? **(6)**

Como reagiu quando seus filhos chegaram em casa tatuados? Teve esperanças de que fossem tatuagens transitórias, que em duas semanas desapareceriam? Que fossem tatuagens de hena?

Falando em radical, você pratica esportes radicais?

Voa tranquilo na asa-delta?

Pratica paraglider?

Como o bungee jumping? **(7)**

O canyon swing? **(8)**

O fly by wire? **(9)**

O rafting? **(10)**

O jet boat? **(11)**

O river boarding? **(12)**

O parabungee? **(13)**

Sabe o melhor lugar do mundo para esses esportes todos? **(14)**

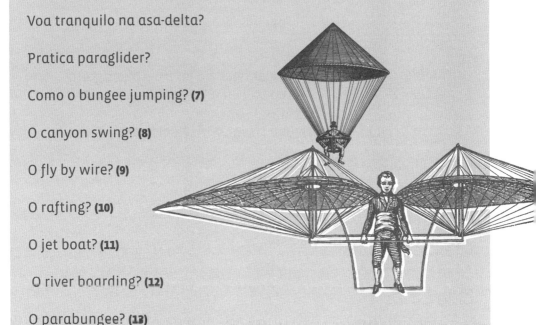

Quando descobriu que seus filhos/sobrinhos/meninos da vizinhança faziam rapel — e soube o significado — o que fez: elogiou o espírito audaz e aventureiro ou morreu de medo de um acidente?

Para parecer jovem, também tentou fazer rapel?

Ficou preocupado quando soube que os executivos, por segurança, passaram a esconder os laptops dentro das pastas Samsonite e os ladrões os esperavam na saída do aeroporto e levavam tudo?

Ficava incomodado com os carros que instalavam insulfilm negro nos vidros e não se podia enxergar quem dirigia ou estava dentro? Parecia coisa de cinema? Você dizia: *Onde vamos parar?*

Lembra-se como ficou admirado quando os carros blindados surgiram na praça?

Usa palmtop? Laptop? Tem celular ligado à internet? Fotografa com o celular, ainda que não saiba o que fazer com as fotos?

A palavra hypado te diz alguma coisa? Você é uma pessoa hypada?

Você toma Viagra?

Se ouvir a palavra high hend, sabe a que a pessoa se refere? **(15)**

Acha que este livro poderia se chamar *Those Where the Days*?

Esclarecendo:

1> Em São Paulo, a palavra surgiu pela primeira vez na lanchonete América.
2> Quer dizer o contrário, ou seja, coisa boa.
3> Buzão vem do inglês bus com o aumentativo em português.
4> Mas teve vontade de transar com uma?
5> Veja como um catálogo de modas deu a receita ideal para a pessoa estar superfashion em 2006: "Use uma calça bacana toda desgastada, bata na calça com martelo, dê uma ralada no asfalto, ou esfregue a calça com lixa... a moda

pede peças puídas, como ficam depois de um ataque de traças ou baratas..."
(Citado por Arnaldo Jabor em *O Estado de S. Paulo*, 1º de agosto de 2006.)

6> Fashion, moda em inglês, transcende a mera tradução. Significa a pessoa que entende de moda, tem bom gosto e sabe usar; que está na última moda (aliás, ninguém do mundo fashion usa essa expressão última moda); nem up to date (outra velheira que indica a idade). O termo começou a aparecer nas colunas de Érika Palomino na *Folha de S. Paulo*, depois foi sendo capturado por pessoas como Gloria Kalil, Lilian Pacce, Cinthia Garcia, Iesa Rodrigues, e já ouvi até mesmo Costanza Pascolato usá-lo, ainda que o faça com parcimônia, e desconfio que é porque ela considere poucas pessoas realmente fashion.

7> Saltos em que a pessoa se atira no espaço presa por uma corda elástica; esses saltos podem ser entre 40 e 150 metros.

8> A pessoa se balança com uma corda em altura inconcebível.

9> A pessoa pilota uma cápsula motorizada pendurada por um cabo entre duas montanhas a 100 metros do chão.

10> Descida de corredeiras em um bote.

11> A mesma descida, só que em uma prancha em lugar do bote.

12> Lanchas percorrem os rios em altíssima velocidade, fazem giros de 360 graus em cursos de água estreitos e passam raspando nas pedras dos cânions.

13> O ousado esportista é içado a uma altura de 150 metros por uma lancha e depois pode decidir se desce lentamente ou de uma só vez.

14> A cidade de Queenstown, no sul da Nova Zelândia, que tem uma natureza privilegiada para isso. Ali foram as locações da trilogia *O Senhor dos Anéis*, um dos filmes de maior bilheteria do começo do milênio. Considere esta informação um serviço deste almanaque.

15> Tecnologia de ponta, mas superponta, o que está pintando e poucos sabem o que é.